VORWORT

Liebe Leserin, lieber Leser!

„Im Sommer komme ich in die Schule – Klasse!" Wie schön, wenn sich ein Kind so auf die Schule freut. Es verbindet mit der Einschulung Positives, wartet förmlich darauf, Neues und Anregendes entdecken und erfahren zu können. Gleichzeitig bedeutet dieses freudige Ereignis aber auch Abschiednehmen von Vertrautem. Der Übergang in die Schule ist eine Phase des Umbruchs, in der das Kind von allen Seiten Begleitung braucht, damit es den Übergang möglichst gleitend erleben kann.

In diesem Heft werden Handlungsvorschläge und Arbeitshilfen für die gemeinsame Gestaltung des Übergangs vom Kindergarten in die Grundschule vorgestellt. Neben grundlegenden Themen wie Zusammenarbeit mit Eltern und Fragen zur Schulfähigkeitsfeststellung liegt der Schwerpunkt auf der Kooperation zwischen Kindergarten und Grundschule. Dabei geht es um Formen und Möglichkeiten der Abstimmung und des gemeinsamen Vorgehens. Ein weiterer wichtiger Aspekt wird mit der Frage nach der Einschätzung des Kooperationsverlaufs und den Möglichkeiten einer Evaluation aufgegriffen.

Die Handlungsvorschläge haben eine allgemeine Form und sind nicht auf ein bestimmtes pädagogisches Konzept zugeschnitten. Ergänzt werden sie durch verschiedene Instrumentarien, die teilweise als Muster- und Kopiervorlagen zur Verfügung stehen. Diese können durch ihre offene Form im Bedarfsfall ergänzt oder an die jeweilige Situation angepasst werden.

Ziel des Heftes ist es, Impulse für eine bestmögliche Vernetzung von Familie, Kindergarten und Grundschule zur Gestaltung eines weitgehend bruchlosen Übergangs vom Kindergarten in die Grundschule zu geben.

Bernd Franken

basiswissen kita: Kooperation zwischen Kindergarten und Grundschule ist ein Sonderheft der Zeitschrift „kindergarten heute – Zeitschrift für Erziehung".

Redaktion
Christine Merz (verantw.)
Carolin Küstner
Sonja Schneider

Anschrift der Redaktion
Hermann-Herder-Str. 4
79104 Freiburg
Tel: 0761/27 17 - 438 oder - 210
Fax: 0761/27 17 - 240
E-Mail: kundenservice@herder.de

Verlag
Verlag Herder GmbH
Hermann-Herder-Str. 4
79104 Freiburg

Fotos
Hartmut W. Schmidt, Freiburg

Grafik, Satz und digitale Bearbeitung
MEDIENHAUS-LAHR:
Reprographia GmbH & Co. KG
Jürgen Frank Grafik Design

Druck
freiburger graphische betriebe (fgb)
Freiburg im Breisgau, 2004

Leserservice
Verlag Herder GmbH
Hermann-Herder-Str. 4
79104 Freiburg
Telefon: 0761/2717 - 379
         0761/2717 - 244
Telefax: 0761/2717 - 249
E-Mail: kundenservice@herder.de
Internet: www.kindergarten-heute.de

Gedruckt auf chlorfrei gebleichtem Papier.

Titelnummer 233
ISBN 3-451-00233-7

DER AUTOR

Bernd Franken, geboren 1962, ist Erzieher und Diplom-Pädagoge. Praktische Erfahrungen hat er jahrelang in vielfältigen Bereichen der pädagogischen Praxis gesammelt. Als Autor hat er Publikationen zur historischen Entwicklung des Kindergartens, zur Qualitätsentwicklung in Kindertagesstätten und zum Schulübergang verfasst. An der Carl-von-Ossietzky-Universität hat er ein Projekt zum Übergang vom Kindergarten in die Grundschule betreut. Derzeit arbeitet er als Autor und Redaktionsleiter in Oldenburg. Außerdem ist er freiberuflich tätig als Projektentwickler und Fachberater im Elementarbereich sowie in der Aus- und Weiterbildung u. a. von ErzieherInnen.
Der Autor ist erreichbar unter: bernd.franken@t-online.de

Dieses Heft richtet sich an ErzieherInnen, LeiterInnen, GrundschullehrerInnen, Träger sowie Lehrende und Lernende in Aus- und Fortbildung. Es bietet vielfältige Informationen und konkrete Arbeitshilfen für die Praxis, damit die Kooperation zwischen Kindertagesstätte und Grundschule gelingt.

INHALT

Der Übergang vom Kindergarten in die Grundschule	**4**
Praxis und Bedeutung des Schulübergangs	5
Ziele der Kooperation beim Schulübergang	6
Kooperationsmöglichkeiten und deren Bedeutung	8
Kooperationsbeauftragte	**10**
Übergeordnete Aufgaben	11
Aufgaben bei der Kooperation zwischen Kindergarten und Grundschule	12
Aufgaben bei der Kooperation mit den Eltern	13
Beispiel einer Aufgabenbeschreibung	13
Kooperation bei der Schulvorbereitung	**16**
Schulvorbereitung im Kindergarten	17
Kooperation bei der Schulfähigkeitsfeststellung	20
Kooperation mit der Grundschule	**22**
Geschichtlicher Hintergrund	23
Gestaltung der Kooperation zwischen Kindergarten und Grundschule	23
Austausch zwischen Kindergartenleitung und Schulleitung	24
Austausch schriftlicher Informationen	26
Kooperation von Erzieherin und Lehrkraft	27
Kontakt der Schulanfänger zur Grundschule	33
Kooperation mit Eltern	**36**
Angebote für die Eltern im Kindergarten	37
Anmeldung in der Grundschule	41
Austausch der Eltern mit den Lehrkräften	41
Kooperation mit der Elternvertretung der Grundschule	42
Reflexion und Auswertung	**44**
Selbstauswertung der Kooperation und Rückmeldung der Eltern	45
Übergangs- und Kooperationskalender	**48**
Literatur	**55**
Adressen	**56**

DER ÜBERGANG VOM KINDERGARTEN IN DIE GRUNDSCHULE

- Praxis und Bedeutung des Schulübergangs
- Ziele der Kooperation beim Schulübergang
- Kooperationsmöglichkeiten und deren Bedeutung

Der Schulübergang ist eine Phase, in der das Kind ganz besonders auf eine kontinuierliche Begleitung angewiesen ist. Wenn Kindergarten, Grundschule und Elternhaus eng zusammenarbeiten, kann das Kind einen gleitenden Übergang erfahren.

Praxis und Bedeutung des Schulübergangs

Der Übergang vom Kindergarten in die Grundschule ist für Kinder ein bedeutungsvoller Einschnitt, der viele neue Anforderungen mit sich bringt. Dazu gehört nicht nur der veränderte Tagesablauf für das Kind und seine Familie, sondern z. B. auch das Stillsitzen im Unterricht, das soziale Gefüge einer neuen, gleichaltrigen Gruppe oder auch die veränderte kognitive Beanspruchung. Je größer die Unterschiede hinsichtlich der sozialen, aber vor allem auch der strukturellen Rahmenbedingungen sind, desto schwieriger gestaltet sich der Wechsel. Damit das Kind diesen Wechsel als möglichst fließend erlebt, ist eine enge Kooperation des Kindergartens mit der Grundschule, aber auch mit den Eltern sowie externen Fachdiensten erforderlich. Wie können diese Beteiligten so zusammenarbeiten, dass sich der Übergang für das Kind vereinfacht? ErzieherInnen, Grundschullehrkräfte und Eltern werden zu Kooperationspartnern, die das Kind bei diesem wichtigen Schritt unterstützen. Eine bestmögliche Schulvorbereitung und ein weitgehend bruchloser Übergang können nur durch gemeinsame Aktivität gelingen.

Aktuelle Praxis

Derzeit gibt es in Deutschland keine einheitliche Regelung, wie der Übergang vom Kindergarten in die Grundschule gestaltet werden soll. **Die von den einzelnen Länderministerien verabschiedeten Empfehlungen oder Erlasse** zur Zusammenarbeit zwischen Kindergarten und Grundschule beinhalten zwar eine Reihe anwendbarer Vorschläge, neuere Studien haben jedoch ergeben, dass diese wenig Anwendung in den Grundschulen finden. Viele Möglichkeiten im Hinblick auf eine Kooperation zwischen Kindergarten und Grundschule bleiben ungenutzt. Dazu gehört beispielsweise auch die Benennung einer Kooperationsbeauftragten.

Häufig wird von Seiten der Grundschule eine enge Zusammenarbeit für wenig erforderlich gehalten. Es sind eher die ErzieherInnen, die diese Aufgabe übernehmen wollen. Zu den Gründen für diese Zurückhaltung zählt u. a. das unterschiedliche gesellschaftliche Prestige der Berufe von Erzieherin und Lehrerin. Eine weitere Ursache liegt in der Trennung von Kindergarten und Grundschule in zwei Systeme, die unterschiedlichen gesetzlichen Vorgaben und Richtlinien unterliegen. Eine klare und verbindliche Definition, wie ein Kind in der Phase des Übergangs gemeinsam von beiden Institutionen begleitet werden soll, existiert nicht.

Bedeutung für das Kind

Der Übergang vom Kindergarten in die Grundschule ist ein wichtiger Schritt in der Biografie des Kindes. Die damit verbundenen Veränderungen stellen hohe Anforderungen an das Kind und verlangen neue Orientierungen und die Anpassung an eine neue Lebenssituation. Je mehr Informationen und Kenntnisse das Kind über die künftige Umgebung, die sozialen Zusammenhänge und die Anforderungen oder Erwartungen hat, um so leichter fällt ihm der Übergang. Der Übergang bedeutet die Ausdehnung des Lebensumfeldes und die Zunahme von Freiraum. Das Kind erlebt mit der Einschulung auch eine neue Rolle, es ist „groß". Verbunden damit darf es als Schulkind mehr und anderes als während seiner Zeit als Kindergartenkind. Das Erleben von Übergängen begleitet jeden Menschen sein Leben lang. Die heutige Arbeits- und Gesellschaftsstruktur ist mehr und mehr geprägt von wechselnden Lebensräumen und Arbeitsfeldern. Eine der künftigen Herausforderungen ist die Mobilitätsbereitschaft jedes Einzelnen. Erlernt ein Kind bereits im Kindergarten Flexibilität und Techniken zum Umgang mit Übergängen, dann ist es nicht nur dem Schulübergang, sondern auch späteren Übergangssituationen besser gewachsen.

Kontinuität

Derzeit gibt es innerhalb der Bildungsdiskussion verschiedene Vorstellungen und Ansätze, wie der Schulübergang möglichst gleitend gestaltet werden kann. Wesentlich ist jedoch eine enge Verzahnung von Kindergarten und Grundschule. Die Lernprozesse, die im Kindergarten begonnen haben, finden dann eine

Fortführung in der Grundschule. Das bedeutet nicht nur eine Ausrichtung des pädagogischen Konzepts des Kindergartens auf die Grundschule, sondern auch eine Gestaltung des Schuleintritts, bei der die Kinder dort „abgeholt" werden, wo sie stehen. Die schulischen Angebote bieten dann Kontinuität hinsichtlich der unterschiedlichen Lern- und Entwicklungsprozesse.

Verankerung im Konzept

Wie Kinder den Übergang bewältigen, hängt in hohem Maß davon ab, welche Möglichkeiten im Vorfeld vorhanden waren, sich auf dieses Lebensereignis einzustellen. Für den Kindergarten bedeutet dies: Bildung muss bereits im Vorschulalter Teil des pädagogischen Gesamtkonzepts sein, Lernen muss in spielerischer Form bereits im Kindergarten beginnen. Dazu gehört neben sozialem Lernen auch wissensorientiertes Lernen. Fortsetzung und Steigerung des spielerischen Lernens im Kindergarten findet in der Grundschule statt. Die aktuelle Bildungsdiskussion ist geprägt von den Ergebnissen der PISA-Studie, aber auch von neuen Erkenntnissen zu frühkindlichen Bildungsprozessen. In verschiedenen Bundesländern wurden bereits Bildungspläne für den Elementarbereich entwickelt. Innerhalb dieser Pläne und Vereinbarungen ist nicht nur die Schulvorbereitung, sondern auch die Kooperation von Kindergarten und Grundschule beim Übergang verankert.

Bedeutung der Kooperation

Kooperation zwischen allen Beteiligten ist wichtiger Bestandteil des Schulübergangs. Besonders die Zusammenarbeit von Kindergarten und Grundschule hat das gegenseitige Kennenlernen der verschiedenen pädagogischen Konzepte und Arbeitsweisen sowie der Raum- und Organisationsstrukturen zum Ziel.

> **Kooperations-Ziel:**
> Die Zusammenarbeit von Kindergarten und Grundschule entwickelt Maßnahmen, die das Kind bei der Bewältigung des Schulübergangs unterstützen.

Ziele der Kooperation beim Schulübergang

Aufgrund der gesetzlichen Zuordnung von Kindergarten und Grundschule zu unterschiedlichen Bildungssystemen gibt es eine natürliche Trennung dieser beiden Institutionen. Die Unterschiede liegen im personellen, strukturellen und organisatorischen Bereich. Wer unvorbereitet vom Kindergarten in die Grundschule wechselt, erlebt dies oft als Bruch in seinem Lebensverlauf. Dagegen ermöglicht eine sorgfältig geplante und durchgeführte Kooperation von Kindergarten, Grundschule und Elternhaus dem Kind einen gleitenden Übergang.

Übergeordnetes Ziel einer Kooperation muss daher immer sein, dass jedes Kind einen weitgehend bruchlosen Wechsel vom Kindergarten in die Grundschule erlebt. Um ein Kind dabei optimal begleiten zu können, werden ausführliche Informationen benötigt über
- den Entwicklungsstand des Kindes,
- individuelle Bedarfslagen,
- erforderliche Fördermöglichkeiten,
- individuelle Umfeldbedingungen,
- strukturelle und organisatorische Rahmenbedingungen beider Institutionen,
- personale Rahmenbedingungen,
- pädagogische Konzepte und Arbeitsweisen,
- Anforderungen und Erwartungen der Grundschule,
- Erwartungen, Wünsche oder Unsicherheiten der Eltern.

Die Weitergabe dieser umfangreichen Informationen erfordert eine enge Zusammenarbeit und einen kontinuierlichen Austausch zwischen Kindergarten und Grundschule sowie zwischen diesen Institutionen und den Eltern. Aus dieser Forderung lassen sich die folgenden Kooperationsmöglichkeiten ableiten, die zur Unterstützung des Kindes beim Schulübergang beitragen.

Derzeit gibt es in Deutschland keine einheitliche Regelung, wie der Übergang vom Kindergarten in die Grundschule gestaltet werden sollte.

Der Schulübergang ist ein wichtiger Schritt in der Biografie des Kindes.

Gegenseitiges Kennenlernen

Im Rahmen der Kooperation von Kindergarten und Grundschule werden Informationen über die pädagogischen Grundlagen, Methoden und Lernformen ausgetauscht. Je umfassender und konkreter diese Informationen sind, desto eher entsteht die Bereitschaft zu einer offenen Zusammenarbeit. Wer aufgrund seines Wissens mehr Verständnis für den anderen und seine Situation aufbringt, hat auch ein größeres Bereitschaftspotenzial zum gemeinsamen Vorgehen. Je mehr Informationen auf beiden Seiten über pädagogische Zielsetzungen, Bildungskonzept und strukturelle Rahmenbedingungen des Partners vorhanden sind, um so mehr kann das Kind Kontinuität erleben.

Dabei geht es insbesondere um Fragen der gegenseitigen Abstimmung: Wie wird jeweils gearbeitet? Welche Bedingungen und Anforderungen hat das Kind im Kindergarten erlebt, was wird von ihm in der Grundschule erwartet? Anhand dieser Kenntnisse lassen sich die pädagogischen Maßnahmen gezielt aufeinander abstimmen, was wiederum optimale Voraussetzungen für einen gleitenden Übergang schafft.

Austausch von Informationen

Im Rahmen des Informationsaustausches vermittelt insbesondere die Erzieherin einen Eindruck von Entwicklungsstand, Besonderheiten oder Problemstellungen der Kinder. Dabei können auch Absprachen zwischen Erzieherin und Lehrkraft über Inhalte der Vorschulerziehung getroffen werden. Ein solcher Austausch ermöglicht die Klärung der Voraussetzungen, welche die Kinder für die erste Klasse benötigen.

Einbeziehung der Eltern

Die Kooperation mit den Erziehungsberechtigten ermöglicht Erzieherin und Lehrkraft, in einen Dialog über anstehende Themen und Fragen zum Schulübergang zu treten. Bei Elternabenden oder in Einzelgesprächen kann ausführlich auf Fragen, Unsicherheiten und Erwartungen der Eltern eingegangen werden. In erster Linie dient die Zusammenarbeit mit den Eltern der Information über die pädagogischen Planungen und Aktivitäten, die im Zusammenhang mit dem Schulübergang anstehen, sowie über den aktuellen Entwicklungsstand und notwendige Fördermöglichkeiten.

Kooperations-Ziel:

Durch vielfältige Kooperationen können umfassende Informationen ausgetauscht, Maßnahmen abgestimmt und alle Beteiligten paritätisch einbezogen werden.

Kooperationsmöglichkeiten und deren Bedeutung

Wenn das Kind in die Schule kommt, hat es bereits eine Vielzahl von Entwicklungs- und Lernprozessen erfahren. Begleitet wurde es dabei – neben der Familie – durch seine Bezugspersonen im Kindergarten. Beim Übergang in die Grundschule braucht es ebenfalls eine kontinuierliche Begleitung. Diese lässt sich nur durch eine Kooperation von Kindergarten, Schule und Elternhaus realisieren. Dass die Möglichkeiten hier vielfältig sind, zeigt die folgende Auflistung.

Kooperationspartner Familie

An erster Stelle steht die Familie als direktes Bezugsumfeld des Kindes. Durch gezielte Kooperationsangebote wie persönliche Kontakte oder Veranstaltungen im Rahmen der Kooperation können sich die Eltern ein Bild von der Grundschule machen und Vertrauen zu dem neuen Lebensumfeld und Lernbereich ihres Kindes entwickeln. Eltern sind als Erziehungsberechtigte in alle Planungen einzubeziehen. Über alle Kooperationsmaßnahmen von Kindergarten und Grundschule müssen sie ausführlich informiert werden. Zu berücksichtigen ist, dass die Erziehungsberechtigten zu einigen Vorhaben ihre Zustimmung geben müssen. Diese sollte im Interesse der Erzieherin nur schriftlich durch eine Einverständniserklärung erfolgen.

Kooperationspartner Grundschule

Die Grundschule ist ein entscheidender Kooperationspartner. Besuche in der Schule ermöglichen den Kindern einen Einblick in ihr künftiges Klassenzimmer und das Kennenlernen der Klassenlehrerin. Auf diese Weise können Ängste und Unsicherheiten abgebaut und bereits vor der Einschulung Beziehungen und Vertrautheit geschaffen werden.

Informationsgespräche

Unter Berücksichtigung der Rahmenbedingungen und der Situation klären Kindergartenleitung und Schulleitung in Informationsgesprächen Dimension, Möglichkeiten und Inhalt einer Kooperation. Die Leitungsebene ist verantwortlich für die Planung und Umsetzung von Maßnahmen und Aktivitäten im Rahmen einer Kooperation. Sie klärt weiterhin mit dem zuständigen Träger die Zustimmung zu den geplanten Maßnahmen.

Erfahrungsaustausch

Für einen Kooperationsaustausch eignen sich gemeinsame Team-Konferenzen oder Arbeitsgemeinschaften von Kindergarten und Grundschule. Ein „runder Tisch", an dem auch Vertreter des Trägers, des Jugendamtes, der Fachberatung

> Ziel einer Kooperation muss immer sein, dass jedes Kind einen weitgehend bruchlosen Wechsel vom Kindergarten in die Grundschule erlebt.

oder der Schulämter teilnehmen, bietet sich für übergreifende Themen an. Ein Kooperationsaustausch vermittelt der Erzieherin umfassende Informationen über die Anforderungen und Erwartungen der Grundschule. Diese Informationen fließen in die Planung der Schulvorbereitung ein. Die Lehrkraft wiederum kann sich einen Überblick z. B. über die pädagogischen Grundlagen und Lernformen verschaffen, an die sich bei der Gestaltung des Erstklassenunterrichts anknüpfen lässt.

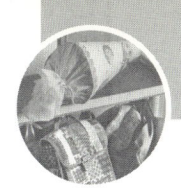

Gemeinsame Fortbildung

Für ErzieherInnen und Grundschullehrkräfte gibt es unterschiedliche Fortbildungsangebote zur Thematik des Schulübergangs. Einrichtungen, die kooperieren, sollten sich nicht nur gegenseitig die Teilnahme ermöglichen. Es sollten gemeinsam eigene Fortbildungsveranstaltungen zu wichtigen Themen angestrebt werden.

Hospitationen und Projekte

Hospitationsmöglichkeiten gibt es auf vielen Ebenen. Die Kinder wollen sich mit der Grundschule auseinander setzen und hospitieren dazu im Unterricht. Auf diese Weise lernen sie z. B. räumliche und zeitliche Strukturen kennen. Für die künftigen Lehrkräfte bietet eine Hospitation im Kindergarten eine gute Chance, die Kinder und ihr bisheriges Lernumfeld kennen zu lernen. Gemeinsame Projekte können Teil einer Kooperation zwischen Kindergarten und Grundschule sein. Sie ermöglichen wichtige persönliche Kontakte.

Kooperation mit externen Diensten

Alle Kooperationsmaßnahmen im Rahmen des Schulübergangs unterliegen einer eigenen Dynamik. Diese Veränderungen müssen von den Kooperationspartnern wahrgenommen werden. Insbesondere sollten Schwachstellen erkannt und möglichst abgebaut werden. Die Zusammenarbeit mit einer externen Beratung ermöglicht eine Erweiterung der jeweils eigenen Perspektive. Treten Probleme auf, so gibt eine externe Beratung Hilfestellung bei der Suche nach Lösungsmöglichkeiten. Dies können Gespräche mit einer Fachberatung, mit dem zuständigen Jugendamt, mit Institutionen, die Eltern beratend unterstützen, oder mit dem Schulpsychologen sein.

Eine weitere Ebene der Kooperation mit Fachdiensten ist die Ebene der Kinder. Bei einem Förderbedarf können externe Dienste wie Frühförderung, Sprachförderung, Ergotherapie, Musiktherapie oder Logopädie als Kooperationspartner zur Entwicklungsförderung beitragen.

Gemeinsame Schulfähigkeitsfeststellung

Bei der Feststellung der Schulfähigkeit hat die Kooperation eine besondere Bedeutung. Alle Beteiligten (z. B. Eltern, Erzieherin, Lehrkräfte, Kinderarzt) können zur Einschätzung Informationen über den Entwicklungsstand, den gesundheitlichen Zustand oder das Lebensumfeld des Kindes beisteuern. Insbesondere ErzieherInnen können aufgrund ihrer kontinuierlichen Beobachtungen zuverlässige und entscheidende Aussagen über das Kind machen. Die Kooperation bei der Schulfähigkeitsfeststellung ermöglicht auch eine Klärung von eventuellem Förderbedarf und hilft bei der Entscheidung, ob eine vorzeitige Einschulung in Frage kommt oder ob eine Zurückstellung eine gute Lösung ist.

Kooperationsbeauftragte

Eine Schlüsselrolle bei der Kooperation hat der oder die Kooperationsbeauftragte. Diese Funktion kann von einer Fachkraft sowohl aus dem Kindergarten als auch aus der Grundschule übernommen werden. Es sollte darauf geachtet werden, dass der Erzieherin die Zeit für die damit verbundenen Aufgaben angerechnet wird und bei der Lehrkraft diese in der Regelstundenzahl enthalten ist.

> **Kooperations-Ziel:**
>
> Die Rahmenbedingungen und pädagogischen Maßnahmen werden so aufeinander abgestimmt, dass das Kind einen weitgehend fließenden Übergang vom Kindergarten in die Grundschule erlebt.

Kooperationspartner beim Schulübergang

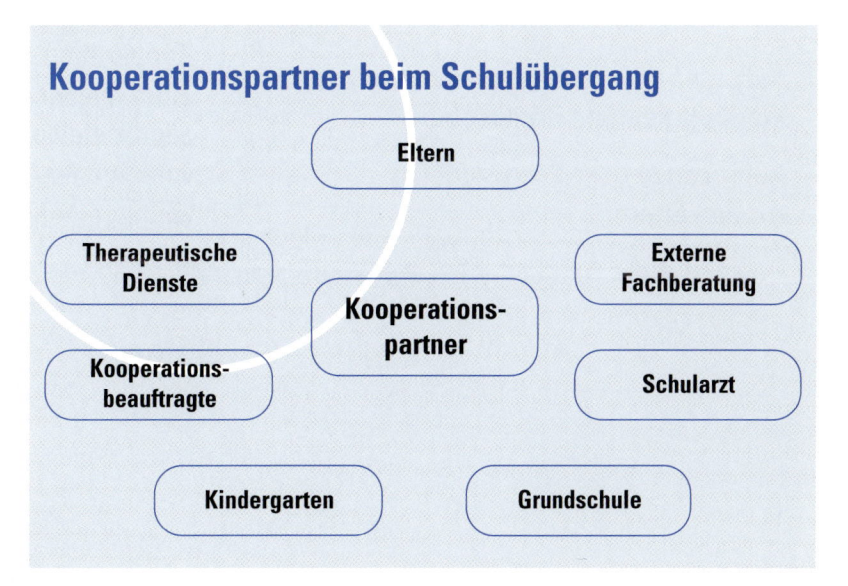

- Eltern
- Therapeutische Dienste
- Externe Fachberatung
- Kooperationsbeauftragte
- Kooperationspartner
- Schularzt
- Kindergarten
- Grundschule

KOOPERATIONS-BEAUFTRAGTE

- Übergeordnete Aufgaben
- Aufgaben bei der Kooperation zwischen Kindergarten und Grundschule
- Aufgaben bei der Kooperation mit den Eltern
- Beispiel einer Aufgabenbeschreibung

Die Kooperationsbeauftragte hat bei der Kooperation im Rahmen des Schulübergangs eine Schlüsselrolle . Ihre Aufgabe ist es, mit allen Beteiligten in Kontakt zu stehen, die verschiedenen Vorhaben zu koordinieren und wichtige Impulse für die Kooperationsarbeit zu geben.

Übergeordnete Aufgaben

Jede Form von Kooperation zur Gestaltung eines gleitenden Schulübergangs erfordert neben klarer Zielsetzung einen von allen Beteiligten vereinbarten Verlauf. Dabei müssen auch die unterschiedlichen Interessen, Erwartungen und Vorgaben sowie die strukturellen Gegebenheiten berücksichtigt werden. Die Aufgabe einer Kooperationsbeauftragten ist die Koordination der verschiedenen Kooperationsvorhaben zwischen Kindergarten, Grundschule und Eltern. Sie hat neben der koordinierenden Funktion auch die Aufgabe, Impulse für eine solche Kooperation zu geben und bei der Gestaltung aktiv mitzuwirken. Das Aufgabenspektrum einer Kooperationsbeauftragten umfasst die nachfolgend beschriebenen Tätigkeiten.

Bei der Kooperation zwischen Kindergarten und Grundschule hat die Kooperationsbeauftragte eine Schlüsselrolle.

Kontaktpflege
Die Kooperationsbeauftragte hält Kontakt zu den ErzieherInnen der Kindergärten eines Einzugsgebietes, zu den Lehrkräften der Grundschule, zu den jeweiligen Trägern, zu Jugendämtern, Fachberatung und überregionalen Arbeits- oder Gesprächskreisen zum Thema Schulvorbereitung, Kooperation, Einschulung, Schulübergang. Solche Arbeits- oder Gesprächskreise kann die Kooperationsbeauftragte auch initiieren, wenn diese nicht vorhanden sind.

Führen des Kooperationskalenders
Den Kooperationskalender führt die Kooperationsbeauftragte. Sie koordiniert die gemeinsamen Termine und Veranstaltungen, konkretisiert die Inhalte und Zielvereinbarungen, klärt die Zuständigkeiten bei der Vorbereitung und koordiniert die Durchführung. Im Anschluss an die Durchführung der Projekte und Maßnahmen hat sie die Aufgabe, den jeweiligen Verlauf und die Zufriedenheit der Beteiligten im Rahmen einer Evaluation zu ermitteln. Die Ergebnisse bilden eine wichtige Grundlage für die Weiterentwicklung künftiger Kooperationsvorhaben. Die Ergebnisse werden schriftlich festgehalten und gehen an alle Kooperationspartner.

Führen des Übergangskalenders
Neben einem Kooperationskalender, in dem die Inhalte, Themen und Abläufe der Kooperation zwischen Kindergarten und Grundschule festgehalten werden, benutzt der Kindergarten als Jahresplaner einen Übergangskalender. Darin sind alle pädagogischen Maßnahmen und entwicklungsfördernden Angebote und Projekte, die vom Kindergarten zur Schulvorbereitung durchgeführt werden, aufgeführt. Dieser Übergangskalender wird vom Kindergarten erstellt und mit denjenigen Eltern besprochen, deren Kinder eingeschult werden. Geführt wird der Übergangskalender von der Kooperationsbeauftragten, die vorab die Vorbereitung und Durchführung der jeweiligen Maßnahme mit der Leitung und den pädagogischen Fachkräften des Kindergartens abstimmt. Nach der Durchführung hält sie den Verlauf fest und bespricht ggf. Verbesserungsmöglichkeiten für künftige Maßnahmen.

Koordination externer Dienste
Die Kooperationsbeauftragte ermittelt im Kindergarten, welche Fachberatung oder welcher Fachdienst bereits in den pädagogischen Prozess eingebunden ist. Welche Institutionen wurden vom Kindergarten mit einbezogen und mit wem arbeitet die Grundschule zusammen? Welche Erfahrungen gibt es mit diesen Kooperationspartnern? Welche Rückmeldungen gibt es dazu von den Eltern?

Angebot von Fortbildungen
Die Kooperationsbeauftragte ermittelt im Kindergarten und in der Grundschule, welche Fortbildungsthemen im Hinblick auf die weitere Kooperation beim Schulübergang gewünscht werden oder erforderlich sind. In enger Absprache mit Leitungen, ErzieherInnen und Lehrkräften bereitet sie die Themen für eine Fortbildung vor und führt diese durch. Fortbildungsthemen können beispielsweise sein:
- Neue Formen des Schulanfangs
- Fragen zum Einschulungsverfahren
- Elternarbeit beim Schulübergang
- Gestaltung einer Kooperation
- Fördermaßnahmen

> **Kooperations-Ziel:**
>
> Zentrale Funktion der Kooperationsbeauftragten ist die Zusammenführung unterschiedlicher struktureller, organisatorischer und zeitlicher Rahmenbedingungen in Verbindung mit individuellen Interessen, Wünschen und Möglichkeiten.

Aufgaben bei der Kooperation zwischen Kindergarten und Grundschule

Bei der Kooperation zwischen Kindergarten und Grundschule hat die Kooperationsbeauftragte eine besondere, übergreifende Funktion. Sie hat in erster Linie den Kooperationsverlauf der beiden Einrichtungen im Blick. Dabei muss sie die Perspektive aller anderen Kooperationspartner des Kindergartens – der Eltern, externer Fachdienste und nicht zuletzt der Kinder – berücksichtigen und im Kooperationsprozess thematisieren. Ihre differenzierten Aufgaben werden im Folgenden genannt.

Die wichtigste Funktion der Kooperationsbeauftragten ist die Koordination der verschiedenen Kooperationsvorhaben.

Klärung der Erwartungen
Welche Erwartungen haben ErzieherInnen und Lehrkräfte an das Kooperationsvorhaben und an die Kooperationspartner? Die Kooperationsbeauftragte klärt mit den Beteiligten die individuellen Interessen, Wünsche und Erwartungen. Dazu gehört festzustellen, welche Bedarfslagen vorhanden sind und welche Ziele für die Kooperation daraus abgeleitet und formuliert werden können.

Klärung der Zielsetzungen
Welche individuellen oder besonderen Zielsetzungen im Hinblick auf die Kooperation gibt es bei den Beteiligten? Die Kooperationsbeauftragte hat hier eine Vermittlungsfunktion, z. B. bei stark differierenden Vorstellungen. Ziel muss immer eine Zusammenführung der unterschiedlichen Sichtweisen sein.

Vorbereitung von Planungsgesprächen
Welche Planungsgespräche sind innerhalb der Kooperationsplanung vorgesehen, welche Termine stehen fest? Dies sind Fragen, die in Planungsgesprächen besprochen werden müssen. Die Kooperationsbeauftragte hat dabei die Aufgabe, die einzelnen Punkte, die thematisiert werden sollen, vorher zu ermitteln und eine Tagesordnung zu erstellen. Die besprochenen Planungen werden in einem Kooperationskalender festgehalten.

Koordination von Kooperationsvorhaben
Die Kooperationsbeauftragte hat bei den Kooperationsvorhaben eine beratende und koordinierende Funktion und unterstützt ErzieherInnen und Lehrkräfte bei der Planung und Durchführung der festgelegten Maßnahmen und Angebote.

Koordination schriftlicher Informationen
Die Kooperationsbeauftragte stellt fest, welche schriftlichen Informationen zur Verfügung stehen oder an Kooperationspartner wie Eltern ausgeteilt werden. Zu ihren Aufgaben gehört die Erläuterung unverständlicher Inhalte sowie Hilfestellung bei der Formulierung z. B. von Elternbriefen.

Ermittlung von Förderbedarf
Die Kooperationsbeauftragte ermittelt, welche Förderung im Kindergarten erforderlich gewesen ist und welche Förderangebote dem Kind in der Grundschule zur Verfügung stehen. Dabei achtet sie auf einen ausreichenden Austausch zwischen Erzieherin und Lehrkraft. Sie informiert sich über ergänzende Förderangebote und erläutert sie Erzieherin und Lehrkraft.

Information zum Patenkindersystem
Bei einem Patenkindersystem wird mit der Grundschule geklärt, nach welchen Kriterien Patenkinder ausgewählt und wie diese auf ihre Aufgabe vorbereitet werden. Die Kooperationsbeauftragte achtet darauf, dass das Patenkindersystem mit den ErzieherInnen und den Eltern ausreichend thematisiert wird.

> **Kooperations-Ziel:**
>
> Die Aufgaben der Kooperationsbeauftragten im Rahmen der Kooperation zwischen Kindergarten und Grundschule umfassen die Planung und Koordination von Kooperationsvorhaben, die später von ErzieherInnen und Lehrkräften ausgestaltet und umgesetzt werden.

Aufgaben bei der Kooperation mit den Eltern

Gemeinsam mit Kindergarten und Grundschule vereinbart die Kooperationsbeauftragte, in welcher Form die Kooperation mit den Eltern stattfinden soll. Welche Elternprojekte werden von den beiden Institutionen getrennt angeboten, welche werden gemeinsam durchgeführt? Bestehen im Kindergarten oder in der Grundschule offene Angebote für Eltern (z. B. Elterncafés), die für die Elternarbeit im Rahmen der Kooperation genutzt werden können? Auch hier koordiniert die Kooperationsbeauftragte die Entwicklung von Ideen und deren Umsetzung. Sie bespricht mit den Beteiligten, wie die Eltern in die Planungen einbezogen werden können und welcher Art die Möglichkeiten der Mitarbeit beim Schulübergang sind.

Einverständniserklärungen

Bei einem Austausch zwischen Kindergarten und Grundschule über einzelne Kinder ist immer das Einverständnis der Erziehungsberechtigten einzuholen. Die Kooperationsbeauftragte achtet darauf, dass entsprechende Vordrucke in beiden Einrichtungen vorhanden sind und mit den Eltern ausführlich besprochen werden. Die unterschriebenen Einwilligungserklärungen sind sorgfältig zu verwahren.

Elternbriefe

Die Eltern werden über die geplanten Kooperationsmaßnahmen mündlich und schriftlich informiert. Die Kooperationsbeauftragte achtet darauf, dass z. B. von Seiten der Grundschule auch die Kinder berücksichtigt werden, die keinen Kindergarten besuchen. Sie hilft bei der Formulierung der Elternbriefe, achtet auf einen zeitgerechten Versand und erforderlichen Rücklauf. Sie achtet auch darauf, dass Elternbriefe oder Informationspapiere in verständlicher Sprache verfasst werden und bei Bedarf in mehrsprachiger Version vorhanden sind.

Kooperations-Ziel:

Im Rahmen der Kooperation mit den Eltern umfassen die Aufgaben der Kooperationsbeauftragten die Planung und Koordination von Kooperationsvorhaben, die später von ErzieherInnen und Lehrkräften ausgestaltet und umgesetzt werden.

Beispiel einer Aufgabenbeschreibung

In der gemeinsamen Verwaltungsvorschrift des Kultusministeriums und des Sozialministeriums über die Kooperation zwischen Tageseinrichtungen für Kinder und Grundschulen des Landes Baden-Württemberg (Stuttgart 2002) werden die Aufgaben einer Kooperationsbeauftragten konkret benannt.

II. Beauftragte für die Kooperation zwischen Tageseinrichtungen für Kinder und Grundschulen

Zur Förderung der Kooperation zwischen Tageseinrichtungen für Kinder und Grundschule sowie zur Beratung der Grundschulförderklassen bestellen die Oberschulämter Beauftragte bei den staatlichen Schulämtern.

1 Aufgaben
Zu ihren Aufgaben gehören insbesondere:
1.1 Beratung mit Grundschulen im Rahmen der Kooperation mit den Tageseinrichtungen. Die Beratung erstreckt sich vor allem auf die
  • Klärung der besonderen Zielsetzungen für die Kooperation
  • Entwicklung und Vertiefung der Kooperationsvorhaben, für deren Verwirklichung Tageseinrichtung und Grundschule verantwortlich sind (z. B. flexible Einschulung, Förderbedarf für Kinder mit Behinderungen und zu erwartenden Lernproblemen und für hochbegabte Kinder, Sprachförderung, frühes Fremdsprachenlernen, Zusammenarbeit mit Eltern, Formen der Zusammenarbeit, gemeinsame Projekte mit Kindern, Beteiligung von schulischen und außerschulischen Beratungsdiensten)
  • Entwicklung geeigneter Handlungsformen
1.2 Mitwirkung bei Fortbildungsveranstaltungen für Lehrkräfte an Grundschulen und für die in Grundschulförderklassen Tätigen. Mit Zustimmung des Einrichtungsträgers können auch Erzieherinnen/Erzieher aus Tageseinrichtungen an den Fortbildungsveranstaltungen und Arbeitsgemeinschaften teilnehmen.

(weiter auf Seite 14)

1.3 Kooperation mit den von den kommunalen, kirchlichen und freien Trägern bestellten sowie mit den für die Jugendämter tätigen Fachberaterinnen/Fachberatern. Sie dient insbesondere der gegenseitigen Unterrichtung und Beratung und der gemeinsamen Planung von Fortbildungsveranstaltungen.

1.4 Zusammenarbeit mit dem staatlichen Schulamt, den pädagogischen Beraterinnen/Beratern und den regionalen Arbeitsstellen, Kooperation der staatlichen Schulämter, welche die Kooperation zwischen Sonderschulen und allgemeinen Schulen koordinieren.

1.5 Mitarbeit in regionalen Arbeitskreisen mit Institutionen beziehungsweise Personen, die an der Kooperation Tageseinrichtung – Schule und der Förderortklärung für Kinder beteiligt sind. Die staatlichen Schulämter tragen Sorge dafür, dass diese Arbeitskreise eingerichtet werden.

1.6 Erstellen einer Jahresplanung in Abstimmung mit dem staatlichen Schulamt und eines Jahresberichts an das Oberschulamt.

Aus: Kooperation zwischen Tageseinrichtungen für Kinder und Grundschulen, Stuttgart 2002

Aufgabenübersicht

Bereich	Aufgaben
Übergeordnete Aufgaben	• Kontaktpflege zu Kooperationspartnern und Institutionen • Führen eines Kooperationskalenders • Führen eines Übergangskalenders • Koordination der Einbeziehung von Fachberatung/Fachdiensten • Ansprechpartner für Träger und Fachberatung • Planung und Durchführung von Fortbildungen
Kooperation Kindergarten – Grundschule	• Beratung von Kindergarten und Grundschule bei der Kooperation • Klärung der Zielsetzung einer Kooperation • Vorbereitung von Planungsgesprächen • Koordination von Kooperationsvorhaben • Koordination und Versand schriftlicher Informationen • Ermittlung des Förderbedarfs • Information zu Patenschaften in der Grundschule
Kooperation mit den Eltern	• Koordination der Zusammenarbeit mit den Eltern • Vorbereitung von Einwilligungserklärungen • Vorbereitung und Versand von Elternbriefen

Anregungen

Für die vielseitige Erziehung in Kitas und Kindergärten

Die vorliegende Reihe liefert Ihnen wertvolle Informationen, wenn Sie auf der Suche nach einem zukunftsweisenden Ansatz für Ihre pädagogische Arbeit sind. Sie vermittelt anschaulich die Grundsätze der jeweiligen Konzepte und zeigt Ihnen auch, wie Sie diese in Ihre eigene Arbeit integrieren können. „Profile für Kitas und Kindergärten" – systematisch, informativ, ermutigend.

Je Band 80 Seiten, kartoniert, mit zahlreichen Fotos
€ 9,90 / SFr 18.10 / € [A] 10,20*

Norbert Huppertz
Der Situationsorientierte Ansatz auf einen Blick
ISBN 3-451-28326-3

Franz J. Brockschnieder / Wolfgang Ullrich
Reggio-Pädagogik im Kindergarten
ISBN 3-451-27503-1

Gerhard Regel / Thomas Kühne
Arbeit im offenen Kindergarten
ISBN 3-451-27504-X

Wolfgang Saßmannshausen
Waldorf-Pädagogik im Kindergarten
ISBN 3-451-28063-9

Norbert Huppertz
Der lebensbezogene Ansatz im Kindergarten
ISBN 3-451-28144-9

Hans-Georg Schede
Der Waldkindergarten auf einen Blick
ISBN 3-451-27403-5

Lothar Klein
Freinet-Pädagogik im Kindergarten
ISBN 3-451-27790-5

Renate Zimmer
Alles über den Bewegungskindergarten
ISBN 3-451-27638-0

Ulrich Steenberg
Montessori-Pädagogik im Kindergarten
ISBN 3-451-27840-5

*Europreis Österreich [A] = unverbindliche Preisempfehlung · Unsere Bücher erhalten Sie in jeder Buchhandlung oder bei D+A: kindergarten heute Fachversand, Postfach 674, D-79006 Freiburg · CH: Herder AG Basel, Postfach, CH-4133 Pratteln 1 · **Für Ihre Bestellung finden Sie in der Heftmitte eine Bestellkarte des kindergarten heute Fachversands.**

www.herder.de

HERDER

KOOPERATION BEI DER SCHULVORBEREITUNG

- **Schulvorbereitung im Kindergarten**
- **Kooperation bei der Schulfähigkeitsfeststellung**

Für eine optimale Schulvorbereitung der Kinder müssen sich Kindergarten und Grundschule in einem ständigen Austausch befinden. Aber auch bei der Schulfähigkeitsfeststellung ist es sinnvoll, verschiedene Kooperationspartner einzubeziehen, um zu einer ganzheitlichen Einschätzung zu gelangen.

Schulvorbereitung im Kindergarten

Die Vorbereitung auf die Schule ist eines der Ziele pädagogischer Arbeit im Kindergarten. Kinder sind interessiert und wissbegierig, d. h. sie bringen die Lernmotivation in der Regel schon mit. Was sie jedoch brauchen, ist die aufmerksame Begleitung ihrer individuellen Entwicklung. Entscheidend für das Erlangen der Schulfähigkeit ist die Ausbildung bestimmter Kompetenzen.

Welche grundlegenden Kompetenzen benötigen Schulanfänger? Sabine Naumann (1998) nennt im Rahmen einer ganzheitlichen Förderung, die neben der kognitiven Bildung auch die Entwicklung von Ich-, Sozial- und Sachkompetenz beinhaltet, folgende Schlüsselkompetenzen:

- Selbstvertrauen, Selbstsicherheit, optimistische Grundhaltung.
- Aufgeschlossenheit gegenüber Neuem, Experimentierfreude, Neugierde, Leistungsbereitschaft.
- Selbstständigkeit, Orientierungs- und Lernfähigkeit.
- Den eigenen Platz in der Gruppe finden, sich behaupten können, fair zu anderen sein.
- Verantwortung für sich und andere übernehmen.
- Zuhören können, sich mitteilen, die eigene Meinung vertreten, Akzeptanz anderer Meinungen.
- Gültige Regeln verstehen, situationsangemessen anwenden und ggf. verändern.
- Absichten mitteilen und die Absichten anderer wahrnehmen, gemeinsame Vorhaben planen und realisieren, Hilfe suchen, annehmen und geben.
- Konflikte wahrnehmen, aushalten, sich bei ihrer Lösung einbringen.
- Enttäuschungen und Misserfolge verkraften.
- Bedürfnisse zeitweilig aufschieben können.
- Sich über Erlebtes und Erfahrenes in vielfältiger Form ausdrücken.
- Elementares Wissen über sich selbst, das nähere Umfeld und die dort lebenden Menschen, über natürliche und gesellschaftliche Vorgänge.

Zentrale Kompetenzbereiche

Das Land Nordrhein-Westfalen hat in einer Übersicht unter dem Titel „Schulfähigkeitsprofil als Brücke zwischen Kindergarten und Grundschule" (RdErl. des Ministeriums für Schule, Jugend und Kultur vom 4.6.2003 – 511-1.01.5-41448) Kernaspekte der zentralen Kompetenzbereiche zusammengefasst:

Kompetenzbereiche	Fähigkeiten des Kindes
Motorik	• Grobmotorische Fähigkeiten (z. B. kann sich anziehen, klettert) • Feinmotorische Fähigkeiten (z. B. hält einen Stift und malt damit)
Wahrnehmung	• Visuelle Wahrnehmung (z. B. unterscheidet Formen und Farben) • Auditive Wahrnehmung (z. B. kann mündliche Anweisungen umsetzen) • Körperwahrnehmung (z. B. schätzt seine Kraft im Spiel mit anderen ein) • Taktile Wahrnehmung (z. B. ertastet Formen und Materialien) • Orientierung im Raum (z. B. kann Räume in vertrauter Umgebung finden)
Personale / Soziale Kompetenzen	• Kommunikationsfähigkeit (z. B. geht auf andere zu) • Kooperationsfähigkeit (z. B. hält Regeln ein) • Selbstständigkeit (z. B. erträgt Ablehnung von Wünschen) • Emotionalität (z. B. benennt Gründe für Angst)
Umgang mit Aufgaben	• Spiel- und Lernverhalten/Konzentrationsfähigkeit
Elementares Wissen / Fachliche Kompetenzen	• Sprache (z. B. Gesprächsfähigkeit oder Schriftgebrauch) • Mathematik (z. B. mengen- und zahlbezogenes Wissen) • Erschließung der Lebenswelt (z. B. erkennt die Natur und beschreibt sie)

Aus dem Umfang und den Inhalten der Kompetenzbereiche, in denen das Kind sich entwickelt und eine umfassende Unterstützung erfahren soll, ergeben sich die Möglichkeiten und Gestaltungsinhalte der Kooperation.

Ausgangspunkt bleibt, dass Kinder eine natürliche Neugierde mitbringen. Sie möchten etwas Neues kennen lernen und sind wissbegierig. Durch unterschiedliche Lernangebote während der Schulvorbereitung kann sich ein Kind entfalten und entwickeln und seine individuellen Voraussetzungen für einen erfolgreichen Schulbesuch schaffen.

Bei Bedarf kann der Kindergarten medizinisch-therapeutische Dienste als Kooperationspartner mit einbeziehen.

Mögliche Kooperationspartner

Regelmäßige Bewegungsangebote gehören zum pädagogischen Alltag im Kindergarten. Dies kommt nicht nur dem natürlichen Bewegungsdrang von Kindern entgegen, sondern Bewegung ist auch der Motor ihrer Entwicklung. Zum Bereich der Motorik gehören Hüpfen, Rennen, Klettern, Balancieren, Fangen, Greifen, aber z. B. auch das selbstständige An- und Ausziehen. Häufig werden im Kindergarten gezielte Angebote wie Turnen, Schwimmen oder Rhythmik umgesetzt. Darüber hinaus bieten die räumlichen Strukturen des Kindergartens den Kindern in der Regel vielfältige Bewegungsmöglichkeiten.

Um mögliche Bewegungsstörungen auszugleichen, kann als Kooperationspartner z. B. der Bereich Physiotherapie oder Ergotherapie einbezogen werden.

Das Land Baden-Württemberg (2002) führt als ergänzende medizinisch-therapeutische Angebote für den Kindergarten folgende Kooperationspartner auf:

Krankengymnastische Behandlung

kann mit unterschiedlichen Methoden dazu beitragen,
- Bewegungsstörungen im Bereich der Grob- und Feinmotorik auszugleichen,
- Bewegungsabläufe und Körperfunktionen anzubahnen und einzuüben,
- Haltungsschwächen und -schäden zu verhindern und auszugleichen,
- die Körperwahrnehmung zu verbessern,
- sensible und motorische Leistungen des Nervensystems zu erhalten oder wiederherzustellen.

Ergotherapeutische Behandlung

kann mit unterschiedlichen Methoden eine Förderung bieten bei
- sensorischen, grob- und feinmotorischen, kognitiven und affektiven Entwicklungs- und Funktionsstörungen,
- Beeinträchtigungen der Alltagskompetenzen (z. B. Essen oder Anziehen)

Ziel ist es, die Selbstständigkeit des Kindes zu erweitern, seine Feinmotorik zu verbessern und die Wahrnehmungsfähigkeit zu fördern.

Werden bei einer Sprachstandsfeststellung im Kindergarten, wie im Land Niedersachsen vorgeschrieben, Störungen festgestellt, dann kann zusätzlich zur Sprachförderung im Kindergarten eine Logopädin als Kooperationspartner einbezogen werden.

Logopädische Behandlung

als unterstützende Maßnahme ist sinnvoll bei
- Sprachstörungen,
- Sprechstörungen,
- Stimmstörungen,
- Schluckstörungen.

Im Bereich der Sprache spielen auch die Eltern eine wichtige Rolle. Sie können die Förderung im Kindergarten z. B. durch Angebote im häuslichen Bereich unterstützen.

Umfangreiche Informationen und Anregungen zu einer ganzheitlichen Sprachförderung liefert das „kindergarten heute spezial"-Heft „Sprachentwicklung und Sprachförderung – Grundlagen für die pädagogische Praxis" (Sander/Spanier 2003).

Fragen zur Schulfähigkeit eines Kindes werden in „Vorschulgesprächen" mit den Eltern besprochen.

Das Land Baden-Württemberg (2002) nennt in seinen Vorgaben zur Kooperation von Kindergarten und Grundschule als weitere mögliche Kooperationspartner im therapeutischen Bereich:

Psychomotorik im Rahmen von Krankengymnastik oder Ergotherapie als ganzheitliche Förderung der Grob- und Feinmotorik sowie der Wahrnehmung bei Bewegungsauffälligkeiten und -störungen. Sie kann sowohl einzeln als auch in Gruppen angeboten werden.

Motopädie zur Verbesserung von Störungen der Senso- und Psychomotorik sowie des sozial-emotionalen Verhaltens. Durch ganzheitliche Bewegungsangebote sollen Entwicklungsstörungen gemildert oder ganz behoben werden.

Sozialpädiatrische Zentren (SPZ), in denen gemäß § 119 SGBV Kinder mit Entwicklungsstörungen jeglicher Art behandelt werden. In rund 100 Einrichtungen in Deutschland werden Kinder mit ihren Familien umfassend ambulant betreut. In spezialisierten Teams arbeiten entsprechend qualifizierte Fachleute zusammen: Ergotherapie, Frühförderung, Kinderheilkunde, Logopädie, Musiktherapie, Physiotherapie, Psychologie und Sozialberatung. Ziele sind eine möglichst genaue Diagnose und ein auf das Kind und sein Umfeld individuell zugeschnittener Behandlungsplan.

Eingeschlossen ist eine Elternberatung, ggf. die Versorgung mit Hilfsmitteln und die Beratung über Möglichkeiten zusätzlicher sozialer Hilfen (vgl. Franken 2003b).

Weitere mögliche Kooperationspartner sind Einrichtungen zur Frühförderung, Erziehungsberatungsstellen, der Allgemeine Sozialdienst (ASD) sowie gemeinnützige Beratungsstellen, die Eltern bei finanziellen oder rechtlichen Problemen zur Verfügung stehen. Für die qualitative Verbesserung der eigenen Fachpraxis und die eigene Weiterentwicklung sucht sich jeder Kindergarten Unterstützung bei einer Fachberatung.

Kooperations-Ziel:
Die Lernangebote der Grundschule setzen an den pädagogischen Maßnahmen zur Schulvorbereitung im Kindergarten an.

Projekte zur Schulvorbereitung
Projekte zur Schulvorbereitung vertiefen das Interesse von Kindern, mehr über das für sie bedeutsame Thema „Schule" zu erfahren. Dabei ist es von grundlegender Bedeutung, die Fragen der Kinder zum Anlass zu nehmen, um Projektinhalte mit den Kindern gemeinsam zu planen und zu gestalten. Immer wieder gestellte Fragen bzw. wichtige Themen sind z. B.
- Wie sieht ein Tag in der Schule aus?
- Welche Lehrerin bekomme ich?
- Welche anderen Kinder treffe ich dort?

Aus den Fragen der Kinder ergeben sich dann relevante Inhalte wie z. B. Besuch in einer Grundschulklasse, Kennenlernen der Erstklasslehrkraft, Teilnahme am Unterricht. Bei der Gestaltung von Projekten muss darauf geachtet werden, dass die Kinder die Verknüpfung der einzelnen Projektteile nachvollziehen und diese in einen Zusammenhang zueinander setzen können, d. h. die Lernstruktur soll den Kindern deutlich werden. Nicht der vom Erwachsenen gezielt geplante didaktisch-methodische Weg steht im Mittelpunkt der Projektdurchführung, sondern die sensible Unterstützung durch den Erwachsenen.

Bezogen auf Projekte zur Schulvorbereitung bedeutet dies, dass zunächst die Kinder überlegen, wie ein Besuch in einer Grundschulklasse aussehen kann, welche Erwartungen sie haben und welche Fragen sie an die Lehrerin und die Grundschulkinder stellen wollen. In der anschließenden Auswertung kann diese Vorgehensweise dann mit den Kindern besprochen und festgestellt werden, welche Antworten und Eindrücke sie bekommen haben und ob noch Fragen offen geblieben sind.

Fragen der Eltern

Wenn für ein Kind das letzte Kindergartenjahr beginnt, dann stellt sich Eltern immer wieder die Frage: „Lernt mein Kind genug im Kindergarten?" oder: „Ist es auf die Einschulung ausreichend vorbereitet?". Hier ist die Erzieherin die zentrale Ansprechpartnerin. Sie kann die Eltern über die Entwicklung ihres Kindes informieren und mit ihnen einen eventuellen Förderbedarf besprechen. Fragen zur Schulfähigkeit eines Kindes werden nicht auf einem Elternabend, sondern in Vorschulgesprächen mit den Eltern in Ruhe besprochen. Zeit und Ort richten sich nach den Möglichkeiten und Bedürfnissen der Eltern. Ein solches Gespräch im häuslichen Umfeld zu führen, kann den Eltern Unsicherheit und Ängste nehmen. So wird ein offeneres Gespräch möglich – mit einem effek-

Kooperation bei der Schulfähigkeitsfeststellung

Die Schulfähigkeit wird in der Regel durch eine schulärztliche Untersuchung festgestellt. Diese kann im Bedarfsfall durch eine psychologische Untersuchung oder eine pädagogische Beurteilung ergänzt werden. Zu der schulärztlichen Untersuchung erhalten die Eltern eine Einladung. Sie findet entweder in der künftigen Grundschule oder direkt beim schulärztlichen Dienst der jeweiligen Kommune statt. **Eine andere, bereits in einigen Bundesländern praktizierte Form der Schulfähigkeitsfeststellung ist die „Flexible Schuleingangsphase".** Die Schulfähigkeit wird dabei nicht mehr zur Bedingung für eine Einschulung gemacht. Vielmehr wird die Schule „kindfähig" und ermöglicht die

Methoden und Verfahren

Diagnose des Amtsarztes der Schule: In erster Linie werden bei der schulärztlichen Untersuchung die gesundheitliche Vorgeschichte, mögliche gesundheitliche oder körperliche Einschränkungen, Seh- und Hörfähigkeit sowie der Entwicklungsstand in den Bereichen Grob- und Feinmotorik, Wahrnehmung und Sprache festgestellt. Bei erkannten Entwicklungsstörungen oder Auffälligkeiten wird darüber hinaus der Förderbedarf im Hinblick auf pädagogische, therapeutische, medizinische oder gesundheitsfördernde Maßnahmen ermittelt.

Die Schulfähigkeit wird in der Regel durch eine schulärztliche Untersuchung festgestellt.

tiveren Ergebnis für das betroffene Kind. Wichtig ist, dass den Eltern im Hinblick auf ihre Ängste, Zweifel und Unsicherheiten sowohl im Kindergarten als auch in der Grundschule ein kompetenter Ansprechpartner zur Verfügung steht, der sie mit ihrem Anliegen ernst nimmt und Zeit dafür hat. Unterstützung erhält die Erzieherin bei einer gut verlaufenden Kooperation mit der Grundschule durch die Schulleitung oder z. B. durch die Erstklasslehrkraft.

Schulfähigkeit durch eine Förderung in der Grundschule. Der entscheidende Vorteil ist, dass es keine Zurückstellungen mehr gibt und dem Kind individuelle Lernphasen im Hinblick auf das Erreichen der Unterrichtsziele zugestanden werden. Diese Form der Einschulung kann nur in Kooperation zwischen Grundschule und Elternhaus erfolgen, bezieht aber immer auch den Kindergarten mit ein. Das Kind wird dabei von allen Beteiligten in seinem Lernprozess beobachtet und begleitet, der richtige Einschulungstermin wird gemeinsam festgelegt.

Entwicklungsbericht des Kindergartens: Aufgrund ihrer langfristigen Beobachtungen und schriftlichen Aufzeichnungen kann die Erzieherin einen Entwicklungsbericht erstellen, der die Entwicklung des Kindes in den zentralen Kompetenzbereichen umfassend beschreibt. Dieser Bericht ist keine Momentaufnahme, sondern liefert durch die langfristigen Beobachtungen aussagekräftige Merkmale dafür, ob ein Kind schulfähig ist oder noch nicht.

Testverfahren: Testverfahren oder Schulreifetests gehören in den meisten Bundesländern nicht zur Schulfähigkeitsuntersuchung. Zu solchen Testverfahren zählen z. B. das „Kieler Einschulungsverfahren" oder das „Mannheimer Einschulungsdiagnostikum". In erster Linie wird dabei der kognitive Entwicklungsstand festgestellt. Ziel dieser Tests ist, anhand von genormten Bewertungskriterien die Schulreife zu beurteilen. Solche Testverfahren erzeugen bei Kindern und Eltern nicht nur Unsicherheit, sondern auch Ängste und Erfolgsdruck.

Beteiligte Partner
Die Frage der Schulfähigkeit – was sie beinhaltet und wie sie festgestellt werden kann – ist immer wieder in der Diskussion. An der Feststellung der Schulfähigkeit können verschiedene Bezugspersonen des Kindes beteiligt werden. Diese erleben das Kind, anders als der Arzt, der die schulärztliche Untersuchung vornimmt, in unterschiedlichen Lebenssituationen und Zusammenhängen und können so zu einer ganzheitlichen Einschätzung beitragen. Diese Bezugspersonen können sein:
- Eltern
- Erzieherin
- Lehrkräfte/Schulleitung
- Kinderarzt
- Fachdienste

Ihre Einschätzungen können zusammengefasst ein wesentlich deutlicheres Gesamtbild ergeben. Voraussetzung ist, dass sich alle vorher umfassend mit dem Kind und seinen Bedingungen auseinander setzen.

Eltern: Eine wichtige Rolle bei der Einschätzung der Schulfähigkeit spielt der familiäre Bezugsrahmen. In welchen kulturellen, sozialen und individuellen Zusammenhängen und unter welchen Bedingungen wächst das Kind auf? Welche Entwicklungsmöglichkeiten bietet ihm die Familie? Über die spezifischen Voraussetzungen und Rahmenbedingungen können die Eltern Auskunft geben.

Berücksichtigung finden bei der Frage nach der Schulfähigkeit sowohl die häusliche und familiäre Situation als auch die individuellen Lernvoraussetzungen. Welches Lernverhalten hat das Kind bisher in der Familie gezeigt? Welche Entwicklungsfortschritte haben die Eltern beobachten können?

Erzieherin: Der Erzieherin kommt bei der Frage der Schulfähigkeit primäre Bedeutung zu. Sie kann aufgrund

> An der Feststellung der Schulfähigkeit können verschiedene Bezugspersonen des Kindes beteiligt werden.

ihres täglichen Umgangs mit dem Kind anhand bestimmter Kriterien ein individuelles Profil erstellen. Das wiederum setzt eine systematische Beobachtung und fundierte Einschätzung sowie klare Kriterien zur Beurteilung von Schulfähigkeit voraus. Für die Erzieherin können daher eigene Aufzeichnungen und Notizen z. B. in einem pädagogischen Tagebuch ein differenziertes Bild vom Entwicklungsstand des Kindes vermitteln. Diese Aufzeichnungen können zusammengefasst einen Entwicklungsbericht ergeben. Gemeinsam mit den Eltern kann in einem Vorschulgespräch anhand der Beobachtungen der Erzieherin überlegt werden, ob eine Einschulung zum vorgesehenen Zeitpunkt möglich ist.

Lehrkräfte/Schulleitung: Ausgehend von den Anforderungen in der Grundschule formulieren die Lehrkräfte und die Schulleitung Erwartungen an das Kind. Gemeinsam mit allen Beteiligten kann dann erörtert werden, ob das Kind diesen Erwartungen und Anforderungen aufgrund seines Entwicklungsstandes gerecht werden kann. Wird deutlich, dass dies aktuell nicht der Fall ist, muss überlegt werden, ob durch spezifische Fördermaßnahmen die geplante Einschulung trotzdem möglich ist.

Kinderarzt: Der Kinderarzt kann in problematischen Fällen zu gesundheitlichen Fragen Stellung nehmen. Insbesondere können auch die Ergebnisse der U9 in die Diskussion um die Schulfähigkeit mit einfließen.

KOOPERATION MIT DER GRUNDSCHULE

- **Geschichtlicher Hintergrund**
- **Gestaltung der Kooperation zwischen Kindergarten und Grundschule**
- **Austausch zwischen Kindergartenleitung und Schulleitung**
- **Austausch schriftlicher Informationen**
- **Kooperation von Erzieherin und Lehrkraft**
- **Kontakt der Schulanfänger zur Grundschule**

Wichtigstes Element der Kooperation zwischen Kindergarten und Grundschule ist der Informationsaustausch. Dieser Austausch kann sich auf verschiedenen Ebenen und in unterschiedlichen Formen vollziehen.

Geschichtlicher Hintergrund

Nicht erst die PISA-Studie (2001) und IGLU-Studie (2004) haben die Frage nach dem Bildungsauftrag des Kindergartens zu einem zentralen Thema werden lassen. Erinnert werden soll hier an Friedrich Fröbel (1782 - 1852), der den Kindergarten in enger Einheit mit dem Schulsystem sah. Bedeutsam war die 1920 durch die Reichsschulkonferenz geschaffene Regelung, die den Kindergarten dem freien Wohlfahrtssystem zuordnete und ihn damit als vorschulische und familienergänzende Institution vom schulischen Bildungssystem abtrennte. Kindergarten und Schule entwickelten sich demzufolge in ihren Strukturen und pädagogischen Konzeptionen in verschiedene Richtungen. In wesentlichen Bereichen entstanden deutliche Unterschiede, die größtenteils auch heute noch bestehen und grundlegenden Einfluss auf die Kooperationsformen zwischen Kindergarten und Grundschule haben. Dies sind

- unterschiedliche Kommunikationsstrukturen,
- unterschiedliche Zuordnung innerhalb des Bildungssystems,
- unterschiedliche strukturelle, personale und organisatorische Konzepte,
- unterschiedliche berufliche Voraussetzungen von Fach- und Lehrkräften,
- unterschiedliche berufliche Inhalte.

Daraus leiteten sich weitere Unterschiede ab, z. B. hinsichtlich Ausbildung und Bezahlung des pädagogischen Fachpersonals.

Langsame Annäherung

Im Strukturplan des Deutschen Bildungsrates von 1970 erhielt der Kindergarten einen deutlicheren Bildungsauftrag. Eine Trennung zwischen Schule und Kindergarten blieb aber erhalten. In den 90er-Jahren entstand erneut eine Diskussion über die Schuleingangsphase. In zahlreichen Bundesländern gab es Modellversuche und neue gesetzliche Regelungen, die den Übergang in die Schule qualitativ verbessern sollten. Erreicht wurde aber bis heute weder eine Eingliederung des Kindergartens in das Bildungssystem noch eine Angleichung der pädagogischen Konzepte von Kindergarten und Grundschule.
Ausgelöst durch die PISA-Debatte wird mittlerweile in vielen Bundesländern an Konzepten zur Kooperation von Kindergarten und Grundschule gearbeitet, um eine Kontinuität im Entwicklungsprozess des Kindes zu gewährleisten. Beide Institutionen sind nacheinander – und in der Übergangsphase gemeinsam – Partner des Kindes und begleiten und fördern es in seiner Entwicklung.

Gestaltung der Kooperation zwischen Kindergarten und Grundschule

Die elementare Bedeutung der Kooperation liegt darin, dass sich Erzieherin und Lehrkraft über die pädagogische Arbeit bzw. über Organisationsfragen austauschen. Ein weiterer Aspekt ist die Abstimmung der pädagogischen Konzepte und Programme sowie der Arbeitsstile, so dass dem Kind ein gleitender Übergang ermöglicht wird. Deshalb gehört zu einer Kooperation der Austausch über Fragen wie:

- Wie wurde bisher, wie wird künftig gearbeitet?
- Wie waren die Anforderungen bisher?
- Welche Anforderungen stehen den Kindern bevor?
- Welche Voraussetzungen sind bei den Kindern bereits vorhanden?
- Welche Voraussetzungen müssen die Kinder noch entwickeln?

Ein Austausch zwischen Kindergarten und Grundschule kann sich auf verschiedenen Ebenen und aus unterschiedlichen Perspektiven heraus vollziehen:

- Kindergartenleitung – Schulleitung
- Erzieherin – Lehrkraft
- Kindergartenkind – Lehrkraft
- Kindergartenkind – Schulkinder
- Kindergarten-Elternvertreter – Schul-Elternvertreter

Erlasse und Empfehlungen

Die aktuellen Erlasse und Empfehlungen der verschiedenen Landesministerien bieten eine Vielzahl an Vorschlägen zur Kooperation von Kindergarten und Grundschule an. Das Land Niedersachsen hat in diesem Zusammenhang einen Austausch empfohlen über

- institutionelle Rahmenbedingungen (z. B. Tagesrhythmus – Stundenplan, Einzugsbereich, Elternvertretungen, Trägerschaft),

> Die Initiative bei der Kooperation geht in erster Linie von der Leitung des Kindergartens und der Grundschule aus.

- geltende Richtlinien und Empfehlungen (z. B. pädagogisches Konzept des Kindergartens – Rahmenrichtlinien der Grundschule),
- Erziehungsziele, pädagogische Maßnahmen, Lehr- und Lernformen (z. B. Abstimmung über Erziehungsstile, Möglichkeiten des sozialen Lernens, Elternmitwirkung),
- Beobachtungen bei einzelnen Kindern und/oder Fördermaßnahmen (z. B. Spielverhalten, Entwicklungsstand, Absprachen über besondere Maßnahmen),
- gemeinsame Veranstaltungen, Vorhaben oder Projekte (z. B. gegenseitige Besuche, gemeinsame Feste oder Aktivitäten),
- Fragen der Einschulung (z. B. Feststellung der Schulfähigkeit, Beratung der Eltern, Zurückstellung),
- Ausstattung der künftigen Schule (z. B. Lernmaterial, Berücksichtigung der Kindergartenerfahrungen),
- organisatorische Angelegenheiten (z. B. gemeinsame Kooperationsgespräche, Besprechungen oder Konferenzen).

Austausch zwischen Kindergartenleitung und Schulleitung

Die Initiative bei der Kooperation geht in erster Linie von der Leitung des Kindergartens und der Grundschule aus. Sie kann jeweils den Bedarf einer aktiven Kooperation vermitteln und so die pädagogischen Fachkräfte zur Mitgestaltung motivieren.

Kooperationsvereinbarung

Auf der Leitungsebene werden auch grundsätzliche organisatorische Fragen und der strukturelle Rahmen abgeklärt. Diese Abklärung muss in jedem Jahr neu erfolgen. Berücksichtigt werden die Erfahrungen aus dem letzten Kooperationsverlauf sowie die aktuellen Bedingungen und vorhersehbaren Entwicklungen sowohl im Kindergarten als auch in der Grundschule. Die Ergebnisse werden in einer Kooperationsvereinbarung präzisiert. Zu vereinbaren ist dabei u. a.,
- wie mit Schwellenängsten umgegangen wird,
- wie umfangreich die Kooperation sein soll,
- wer an der Kooperation beteiligt ist,
- welche Aufgaben anstehen,
- wie Kinder, die keinen Kindergarten besucht haben, einbezogen werden,
- wie Kinder mit Deutsch als Zweitsprache berücksichtigt werden,
- welche Sprachfördermaßnahmen notwendig sind,
- welche gemeinsamen Fortbildungen angeboten werden,
- welche Kooperationsvorhaben vorgesehen sind,
- wie die pädagogische Arbeit vernetzt werden kann,
- wie die Klassenzusammensetzung erfolgt,
- wie ein Patenkindersystem gestaltet werden soll,
- welche Integrationsmaßnahmen möglich sind,
- wie bei Rückstellungen verfahren wird.

Die Punkte lassen sich je nach Situation und Bedarf ergänzen.

Umgang mit Schwellenängsten

Nicht immer ist die Grundschule bereit, sich an der Zusammenarbeit mit dem Kindergarten aktiv zu beteiligen. Die Gründe dafür sind vielfältig. Mitunter sind es Schwellenängste, die nur langsam abgebaut werden können. Hinzu kommen die ausbildungsbedingten Unterschiede und die beruflichen Statusunterschiede. Das Ansehen des ErzieherInnenberufes unterscheidet sich immer noch von der gesellschaftlichen Akzeptanz von LehrerInnen. Der Zurückhaltung oder gar Ablehnung bei einer Kooperation lässt sich nur schwer begegnen. Ein wichtiger Schritt sind persönliche Kontakte, insbesondere auf der Leitungsebene. Eine wichtige Rolle spielen hier aber auch die Begegnungen zwischen ErzieherInnen und Lehrkräften, die immer wieder in einen Dialog treten und so Hemmschwellen abbauen.

Umfang der Kooperation

Kindergartenleitung und Schulleitung müssen bereits vor dem Austausch in ihren Einrichtungen abklären, welcher Bedarf besteht und welche Zeitkontingente für die Kooperation zur Verfügung stehen. Eine Kooperation bedeutet insbesondere für die Grundschule eine Neuorganisierung des Schulalltags. Aber auch für den Kindergarten bringt sie andere Organisations- und Zeitstrukturen mit sich. Den pädagogischen Fachkräften muss z. B. ausreichend Zeit für Planung und Durchführung der Aktivitäten im Rahmen der Kooperationsarbeit zur Verfügung stehen. Der gesamte zeitliche Rahmen wird von beiden Leitungen abgesteckt und in einem Jahresplan stichpunktartig festgehalten. Diese Stichpunkte dienen später der Erzieherin und der Lehrkraft als Grundlage für die Detailplanung.

Beteiligung an der Kooperation

Notwendig ist die Absprache darüber, wer in diesem Jahr als Erzieherin oder Lehrkraft an der Kooperation beteiligt ist. Dabei wird auch festgelegt, wer bestimmte Funktionen wie z. B. die der Kooperationsbeauftragten übernimmt. Ziel ist eine partnerschaftliche Zusammenarbeit aller Beteiligten. Eine Kooperation zwischen Kindergarten und Grundschule bezieht immer auch Eltern, Kinder und alle relevanten Institutionen wie Schulamt oder Fachdienste aktiv in den Kooperationsprozess mit ein.

Überprüfung der Aufgaben

Anhand eines Rückblicks auf vergangene Kooperationsverläufe und einer Situationsanalyse werden die Aufgaben in jedem Jahr neu überprüft und ergänzt bzw. geändert. Dabei sollten die einzelnen Punkte klar definiert, schriftlich festgehalten und möglichst im Kindergartenkonzept sowie im Grundschulprogramm verankert werden.

Kinder ohne Gruppenerfahrung

Bei Kindern, die keinen Kindergarten besucht haben, sollte sich die Schulleitung über die Gründe informieren. Wenn das Kind ein Einzelkind ist und bisher keine Gruppenerfahrungen gemacht hat, kann es sinnvoll sein,

Der wesentliche Teil einer Kooperation zwischen Kindergarten und Grundschule ist der Austausch zwischen Erzieherin und Lehrkraft.

dass es – in Absprache mit den Eltern – am Anfang nur zeitlich begrenzt in die Schule geht. Die gezielte Förderung der Kinder, die keinen Kindergarten besucht haben, kann nur die Grundschule während der Eingewöhnungsphase übernehmen. Diese kann sich dadurch verlängern.

Kinder mit Deutsch als Zweitsprache

Eine Möglichkeit der Begleitung von Kindern mit Deutsch als Zweitsprache sind Übungsgruppen mit Eltern, ErzieherInnen und Lehrkräften. Sie sollten bereits im Kindergarten angeboten und während der Eingewöhnungsphase in der Grundschule fortgeführt werden.

Sprachförderbedarf

Sechs Monate vor der Einschulung wird im Kindergarten eine Sprachstandsfeststellung durchgeführt. Bei einem dabei festgestellten Sprachförderbedarf ist der aktuelle Entwicklungsstand des Kindes Thema des Austausches. Geklärt wird, welche Ergebnisse die Sprachförderung zeigt und ob eine Weiterführung in der Grundschule erforderlich ist.

Gemeinsame Fortbildungen

Um den Kindern einen gleitenden Übergang zu ermöglichen, ist eine optimale Gestaltung mit den entsprechenden pädagogischen Maßnahmen notwendig. Manches wird seit Jahren immer gleich gemacht, ist zum Teil aber unbefriedigend. Es könnte anders gemacht werden, aber wie? Welche pädagogischen Ziele und Maßnahmen sind mit einer neuen Gestaltung des Übergangs verbunden? Neue Impulse bietet hier neben der Fachliteratur insbesondere die Fortbildung. Darüber hinaus bietet sie Raum für einen intensiven Austausch. Gemeinsame Fortbildungen von Kindergarten und Grundschule verhelfen zu einem gleichen Kenntnisstand, der sich konstruktiv auf die künftige Arbeit auswirkt.

Kooperationsvorhaben

Die Leitungen besprechen die geplanten Kooperationsvorhaben zum Schulübergang und stimmen die zentralen Themenbereiche aufeinander ab. Gleichzeitig werden die jeweilige Zuständigkeit und die Form der Durchführung abgestimmt. Dazu gehört auch die Klärung, welche Planungen und Ziele bereits vorhanden waren und modifiziert wurden.

Vernetzung der pädagogischen Arbeit

Zu klären sind folgende Fragen: Wie wurde die Vernetzung der pädagogischen Arbeit bisher gestaltet? Welche Rückmeldungen dazu gibt es? Wie kann die Vernetzung der pädagogischen Arbeit noch verbessert werden?

Klassenzusammensetzung

Wie sieht zum aktuellen Zeitpunkt die Planung der Grundschule im Hinblick auf die Klassenzusammensetzung aus? Steht die Erstklassenlehrkraft bereits fest? Welche Beteiligungsmöglichkeit ist für den Kindergarten noch bis zu welchem Zeitpunkt möglich?

Patenkindersystem

Sieht die Grundschule ein Patenkindersystem vor? Wie gestaltet sich dieses Patenkindersystem konkret? Welche Rückmeldungen dazu gibt es aus dem letzten Jahr? Wie kann das System möglicherweise verbessert werden?

Integrationsmaßnahmen

Welche Integrationsmaßnahmen hat der Kindergarten bereitgehalten oder durchgeführt? Welcher besondere Bedarf liegt vor und welche Maßnahmen sind von der Grundschule einzuplanen?

Kontakt nach Einschulung

Welche Wünsche bestehen seitens des Kindergartens hinsichtlich des Kontakts der ErzieherInnen zu den eingeschulten Kindern und den Lehrkräften? Welche Möglichkeiten sind von Seiten der Grundschule konzeptionell vorgesehen? Wie wird bei erforderlichen Rückstellungen verfahren?

Die auf der Leitungsebene besprochenen Punkte werden schriftlich festgehalten. Sie bilden eine wichtige Grundlage für die Kooperationsarbeit von Lehrkraft und Erzieherin, für die Kooperation mit den Eltern sowie für die entsprechenden Aktivitäten mit den Kindern.

Austausch schriftlicher Informationen

Neben den mündlichen Auskünften auf den verschiedenen Ebenen ist der Austausch bestimmter schriftlicher Informationen wichtiger Bestandteil der Kooperation. Zu den schriftlichen Informationen gehören Erlasse und Richtlinien, der Kooperationskalender, Arbeitshilfen oder Elternbriefe. Sie dienen als Arbeitsgrundlage für die Kooperationsarbeit von Erzieherin und Lehrkraft. Ausgetauscht werden auch Trägerinformationen sowie das jeweilige pädagogische Konzept oder Programm.

Pädagogische Konzepte

Grundlage für eine erfolgreiche Kooperation sind umfassende Kenntnisse über den Kooperationspartner. Dazu gehören neben dem pädagogischen Konzept Informationen über die jeweiligen Rahmenbedingungen und Strukturen. Dieser Austausch ist einer der Punkte, der sehr sorgfältig vorbereitet werden muss. Ein gleitender Schulübergang für das Kind ist auch davon abhängig, wie eng sich die Verzahnung der pädagogischen Konzepte insbesondere während der Übergangsphase vollzieht. Auf Leitungsebene muss dazu geklärt sein, wie bestimmte pädagogische Elemente vom Kooperationspartner übernommen oder weitergeführt werden können. Ebenfalls auf Leitungsebene ist zu klären, wie die bisherige Programmatik und Praxis der Kooperation beim Schulübergang weiterentwickelt werden kann.

Spezifische Vorgaben

Zu den Arbeitsgrundlagen zählen die Vorgaben des Trägers und die spezifischen Leitlinien für das jeweilige pädagogische Konzept, nach dem gearbeitet wird. Unterschiede gibt es z. B. bei katholischen oder evangelischen Kindergärten sowie bei Einrichtungen, die nach einem bestimmten Ansatz (z. B. Situationsansatz, Montessori-, Waldorfpädagogik) arbeiten.

Erlasse und Richtlinien

Verbindlich abgesprochen werden muss die Berücksichtigung obligatorischer gesetzlicher Grundlagen wie sie z. B. im KJHG zum Auftrag des Kindergartens festgeschrieben sind. Auf Leitungsebene ist zu klären, welche Zielvorgaben zur Kooperation von Kindergarten und Grundschule verpflichtenden Charakter haben und wie eine Umsetzung erfolgen kann. Wichtig sind dabei personelle, strukturelle und finanzielle Rahmenbedingungen.

Bundesweit verbindliche gesetzliche Rahmenvorgaben zur Kooperation von Kindergarten und Grundschule gibt es derzeit in Deutschland nicht. In den Bundesländern existieren zur Kooperation unterschiedliche Erlasse und Richtlinien. Wer sich intensiver mit diesen beschäftigt, stellt fest, dass sie nur empfehlenden Charakter haben. Auf Leitungsebene müssen auch haftungs- und versicherungsrechtliche Fragen geklärt werden. Wie ist der Versicherungsschutz für die Teilnehmer am Kooperationsprozess geregelt?

Elternbriefe
Die Leitungen konkretisieren die schriftlichen Informationen für die Eltern. Hierfür wird der Inhalt abgesprochen und vereinbart, wer die Informationen bearbeitet und wie die Verteilung vorgenommen wird. Dabei sollte berücksichtigt werden, dass die Elterninformationen verständlich formuliert sind und bei Bedarf auch in anderen Sprachen vorliegen.

Kooperation von Erzieherin und Lehrkraft

Der wesentliche Teil einer Kooperation zwischen Kindergarten und Grundschule ist der Austausch zwischen Erzieherin und Lehrkraft. Im Mittelpunkt stehen dabei zentrale Elemente des pädagogischen Alltags und strukturelle Rahmenbedingungen im Kindergarten, die Schulanfänger auch in der Grundschule erleben. An welche Abläufe und Rituale sind die Kinder aus dem Kindergarten gewöhnt? Je enger die Verzahnung dieser „Alltäglichkeiten" ist, desto eher wird ein gleitender Übergang für die Kinder möglich.
Als Formen der Kontakte zwischen Erzieherin und Grundschullehrkraft sind möglich:
- Teambesprechungen im Kindergarten oder in der Grundschule
- Gegenseitige Besuche und Hospitationen
- Gemeinsame Fortbildungen
- Informationsgespräche

Vorbereitung
Für jedes Treffen muss im Vorfeld festgelegt werden, welche Angelegenheiten thematisiert werden sollen und welches Ziel angestrebt wird. Einbezogen wird neben der Erzieherin, der Lehrkraft und den eventuell vorgesehenen Eltern oder Elternvertretern auch die Kooperationsbeauftragte. Zu den jeweiligen Treffen wird schriftlich eingeladen. Die Einladung wird abwechselnd vom Kindergarten und von der Grundschule übernommen. Die Treffen werden so vorbereitet, dass alle Kindergärten, die im Einzugsbereich der Grundschule liegen, berücksichtigt sind. Vor dem Treffen wird geklärt, wer Protokoll führt.

Nachbereitung
Eine sorgfältige Nachbereitung der Treffen ist Bestandteil einer guten Kooperation. Über jedes Treffen wird daher Protokoll geführt. Das Protokoll wird an alle Bezugseinrichtungen verschickt. Jeweils am Ende eines Treffens wird darüber gesprochen, ob alle Teilnehmer mit dem Verlauf und dem Ergebnis zufrieden sind oder ob es Anregungen und Verbesserungsvorschläge für weitere Treffen gibt.

Besuche und Hospitationen
ErzieherInnen besuchen die Grundschule im Einzugsbereich ihres Kindergartens, und die Lehrkräfte der Anfangsklassen besuchen die Kin-

dergärten, aus denen Kinder eingeschult werden. Diese Besuche haben das Ziel, sich ein Bild von der anderen Einrichtung zu machen. Im Anschluss daran sollten sich ErzieherInnen und Lehrkräfte Zeit für ein Gespräch nehmen, in dem der Besuch reflektiert und evaluiert wird. Ziel einer Hospitation von Lehrkräften im Kindergarten ist in erster Linie die Entwicklung einer Vertrautheit zwischen ihnen und den künftigen Schulanfängern. Bei geplanten Besuchen oder Hospitationen von Kindern in der Grundschule verschickt die Lehrkraft an die Kinder eine Einladung. Um z. B. die Teilnahme aller Kinder einer künftigen Klasse zu ermöglichen, kann es sinnvoll sein, den Besuchstermin auf den Nachmittag zu legen.

Gemeinsame Fortbildung

Erzieherin und Lehrkraft überlegen gemeinsam, zu welchen Themen im Hinblick auf den Schulübergang sie eine Fortbildung für angebracht halten. Haben sich die Kooperationspartner für ein Thema entschieden, wird ein geeignetes Angebot bei einem Bildungsträger gesucht. Es können aber auch selbst ReferentInnen zu bestimmten Themen gesucht werden. Wenn eine Universität in der Nähe ist, sollte geklärt werden, welche Ressourcen aus dem universitären Umfeld für eine Fortbildung genutzt werden können.

Die Lehrkräfte müssen für die Teilnahme an einer Fortbildung das Einverständnis des zuständigen Schulamtes einholen. Dabei gilt es deutlich zu machen, welches die Ziele der geplanten Fortbildung sind und welchen Nutzen die Lehrkraft für ihre Tätigkeit davon hat. Geklärt werden muss vor der Anmeldung, welche Kosten entstehen und durch wen diese Kosten gedeckt werden.

Informationsgespräche

Im Rahmen von Informationsgesprächen setzt die Erzieherin die Lehrkraft über den Entwicklungsstand, besondere Bedürfnisse und die Situation der einzuschulenden Kinder in Kenntnis. Zu den Informationsgesprächen gehört auch ein Austausch über die ehemaligen Vorschulkinder und deren Entwicklungsverlauf in der Grundschule.

Einwilligung der Eltern

Für jeden Austausch über einzelne Kinder und ihre Entwicklung ist das Einverständnis der Erziehungsberechtigten unbedingt erforderlich. In einem Elternbrief werden die Eltern über die geplante Kooperation und die Notwendigkeit eines Austausches zwischen Erzieherin und Lehrkraft über die Entwicklung ihres Kindes informiert. **Mit einer Einverständniserklärung geben die Eltern ihre Zustimmung zu diesem Austausch.** Ein Austausch ohne eine solche Einverständniserklärung kann rechtliche Konsequenzen nach sich ziehen.

Eltern, die einem solchen Austausch nicht zustimmen wollen, sind oftmals verunsichert. In einem persönlichen Gespräch sollten die Ängste und Unsicherheiten der Eltern, aber auch ihre Erwartungen an das Kind und die Einschätzung der Erzieherin offen besprochen werden. Die Eltern müssen spüren, dass sie seitens des Kindergartens Unterstützung für ihr Kind erhalten und der geplanten Kooperation sowie dem damit verbundenen Informationsaustausch mit der Grundschule vertrauensvoll gegenüberstehen können.

Elternbrief – Mustervorlage

Kindergarten
Musterstraße
Musterort

Grundschule
Musterstraße
Musterort

Ort, Datum

Liebe Eltern der künftigen Schulkinder,

im nächsten Jahr kommt Ihr Kind voraussichtlich in die Schule. Diesen Übergang möchten wir für die künftigen Schulkinder möglichst gleitend gestalten. Dabei wollen wir Sie als Eltern mit einbeziehen und aktiv an der Gestaltung des Schulübergangs beteiligen. Über die verschiedenen Möglichkeiten und Angebote sowie über unsere weiteren Planungen werden wir Sie regelmäßig durch Elternbriefe, aber auch auf Elternabenden ausführlich informieren.

Nach den Herbstferien beginnt im Rahmen unserer Schulvorbereitung und der Übergangsarbeit die alljährliche und bewährte Kooperation mit der Grundschule. Auch in diesem Jahr sind vielfältige Kooperationsvorhaben und Projekte geplant, um Ihrem Kind einen Einblick in die Grundschule zu ermöglichen und ihm den Einstieg so leicht wie möglich zu machen. Die verschiedenen Aktivitäten stellen wir Ihnen im Laufe der Zeit vor und informieren Sie darüber, was diese für Ihr Kind bedeuten und wo Sie sich selber einbringen können.

Die Ziele und Vorhaben der Kooperation mit der Grundschule haben wir in einer Kooperationsvereinbarung festgelegt. Alle Termine und Veranstaltungen können Sie unserem Kooperationskalender entnehmen. Ein wichtiger Bestandteil der Kooperation ist das gegenseitige Kennenlernen. Ihr Kind lernt die Grundschule, künftige Klassenkameraden und die Klassenlehrerin kennen und kann sich so langsam mit ihnen vertraut machen.

Ein weiterer Bestandteil der Kooperation ist unser Austausch mit den Lehrkräften der Grundschule über den Entwicklungsstand Ihres Kindes und die Entwicklung, die es im Kindergarten gemacht hat. Um dabei aussagekräftige Informationen weitergeben zu können, wollen wir Ihr Kind in der kommenden Zeit im Hinblick auf die bevorstehende Einschulung besonders beobachten. Auch die Lehrkräfte in der Grundschule werden Ihr Kind z. B. bei einem Besuch in der Schule beobachten und mit ihm sprechen. Über die gemachten Beobachtungen soll es einen gemeinsamen Austausch zwischen Kindergarten und Grundschule geben. Dieser Austausch kann nur mit Ihrer Zustimmung geschehen.

Daher möchten wir Sie über die Inhalte dieses Austausches informieren:
- Die gemachten Beobachtungen und Kenntnisse über den Entwicklungsstand Ihres Kindes, die in direktem Zusammenhang mit der Einschulung stehen, werden direkt und ausschließlich zwischen der Kindergartenleitung und der Erzieherin Ihres Kindes sowie den Lehrkräften und der Schulleitung ausgetauscht.
- Alle Informationen und Beobachtungen im Zusammenhang mit der Einschulung, die sich auf die Familie eines Kindes beziehen, werden ausschließlich nur im Beisein der Eltern besprochen.
- Sollten wir den Eindruck haben, dass für den Entwicklungsprozess Ihres Kindes weitere Kooperationen mit Beratungs- oder Fachdiensten erforderlich sind, werden wir Sie persönlich darüber informieren und um Ihre Zustimmung bitten.

Wenn Sie Fragen zur Kooperation mit der Grundschule haben, können Sie uns gerne jederzeit ansprechen.
Wir bitten Sie, die beigefügte Einverständniserklärung auszufüllen und unterschrieben an die Erzieherin oder die Kindergartenleitung zurückzugeben.

Mit herzlichen Grüßen

Ihr Kindergartenteam   Ihre Grundschule

Einverständniserklärung der Eltern – Mustervorlage

Name: _____

Anschrift: _____

Ich/wir bin/sind ❏ **damit einverstanden,**

❏ **nicht damit einverstanden,**

dass die Kindergartenleitung Frau _____ und die Erzieherin Frau _____ im Rahmen einer Kooperation mit der Grundschule gemeinsam mit der Schulleitung und den Lehrkräften im Zusammenhang mit der Einschulung meines/unseres Kindes

_____

Informationen austauschen und diese gemeinsam beraten.

Dazu gehört, dass Kindergartenleitung, Erzieherin, Erstklasslehrkraft und Schulleitung mein/unser Kind im Hinblick auf die Einschulung beobachten und die dabei gewonnenen Informationen austauschen.

Dazu gehört auch, dass Kindergartenleitung und Erzieherin Informationen über den Entwicklungsstand meines/unseres Kindes und seine Entwicklung im Kindergarten, die für die Einschulung von Bedeutung sind, an die Erstklasslehrkraft und die Schulleitung weitergeben.

Dazu gehört auch, dass ich/wir in den Kooperationsaustausch einbezogen werde/n, wenn es um die Lebenssituation meines/unseres Kindes und die Familie in Bezug auf die Einschulung geht.

Dazu gehört auch, dass wenn der Eindruck besteht, dass für den Entwicklungsprozess meines/unseres Kindes weitere Kooperationen mit Beratungs- oder Fachdiensten erforderlich sind, Sie mich/uns persönlich darüber informieren und um Zustimmung bitten.

Diese Einverständniserklärung kann ich/können wir verweigern oder jederzeit ohne Angabe von Gründen widerrufen, ohne dass dies negative Auswirkungen für mein/unser Kind und für mich/uns hat.

_____   _____
Ort, Datum   Unterschrift(en)

Themenliste zur Vorbereitung von Erzieherin- und Lehrkrafttreffen

Themenbereiche	Inhalte
Terminplanung und inhaltlicher Rahmen	Gemeinsam wird der Verlauf der Kooperation geplant und werden Termine z. B. für Projekte, gegenseitige Besuche oder Elternveranstaltungen festgelegt. Neben der Terminplanung wird auch der inhaltliche Rahmen verabredet.
Vorstellung der pädagogischen Konzepte	Der Kooperationspartner wird ausführlich über das eigene pädagogische Konzept und die konkreten Umsetzungsformen informiert.
Austausch über pädagogische Arbeit	Die Kooperationspartner informieren sich gegenseitig über die Erfahrungsmöglichkeiten, die dem Kind im Bereich Spielen und Lernen angeboten werden. Welche freien und gelenkten Aktivitäten wurden dem Kind in welchem Umfang angeboten? Welches Spielzeug wurde angeboten, welche Bilderbücher wurden besonders gerne betrachtet? Es soll hier ein Austausch über die unterschiedlichen Arbeitsformen von Kindergarten und Grundschule stattfinden. Abgestimmt werden sollten Möglichkeiten, die gemeinsam genutzt werden können, z. B. Spielbereiche oder Materialien.
Perspektive der Kinder	Auf welche Art und Weise wurden die Kinder im Kindergarten in die inhaltliche und strukturelle Gestaltung des pädagogischen Alltags eingebunden? Welche Möglichkeiten gibt es in der Grundschule? Wie werden die unterschiedlichen Perspektiven und Vorstellungen der Kinder sowie deren Vorerfahrungen berücksichtigt? Welche Fragen haben die Kinder im Hinblick auf die Grundschule? Was wird gemeinsam und was getrennt thematisiert?
Möglichkeiten des sozialen und emotionalen Lernens	Soziales Lernen beinhaltet u. a. die Entwicklung folgender Fähigkeiten: Beziehungsaufbau zu anderen Kindern, Hilfsbereitschaft, Umgang mit Streitsituationen. Emotionales Lernen bezieht sich auf Fähigkeiten wie: eigene Gefühle (Ärger, Freude, Angst usw.) wahrnehmen und den Umgang damit lernen, Emotionen anderer Kinder wahrnehmen und verstehen, Empathieentwicklung.
Förderbedarf einzelner Kinder	Welche Kinder haben einen besonderen Förderbedarf? Welche speziellen Förderangebote (z. B. Früh-, Sprach-, Bewegungsförderung) haben einzelne Kinder im Kindergarten bereits in Anspruch genommen? Welche Fördermaßnahmen können in der Grundschule weitergeführt werden, welche zusätzlichen Möglichkeiten gibt es für das Kind?
Kooperation mit Fachberatung und Fachdiensten	Die Erzieherin informiert die Lehrkraft darüber, mit welcher Fachberatung und mit welchen Fachdiensten in welchem Umfang im Kindergarten zusammengearbeitet wird. Gemeinsam wird beraten, wie diese externen Dienste in die Kooperation eingebunden werden können.
Kindliche Grundbedürfnisse	Welche Zeitstrukturen hat das Kind im Kindergarten erlebt, welche erwarten es in der Schule? Welche Erholungsmöglichkeiten hat das Kind in den Pausen? Wie wird mit Grundbedürfnissen der Kinder wie z. B. Hunger oder Auf-die-Toilette-Müssen umgegangen?

Schulvorbereitung	Welche Angebote zur Schulvorbereitung werden bereits im Kindergarten gemacht und welche zusätzlichen sollten im Hinblick auf die Anforderungen der Schule im Kindergarten geschaffen werden? Es wird verabredet, bei welchen Themen gemeinsam gearbeitet wird.
Schulweg	Welche Wege zur Schule nutzen die Kinder, und wie werden sie darauf vorbereitet? Verkehrserziehung ist Bestandteil des Kindergartenkonzeptes. Sie kann ergänzt werden durch Eltern-Kind-Arbeit, z. B. mit einem Projekt zum Kennenlernen des künftigen Schulweges. Dabei machen Eltern Fotos von wichtigen Stellen, z. B. von einer gefährlichen Kreuzung oder auch von einer Fußgängerampel, die genutzt werden kann. Die Fotos können die Kinder später im Kindergarten verwenden, um der Erzieherin und den anderen Kindern ihren Schulweg zu beschreiben.
Klasseneinteilung	Die Klasseneinteilung wird von der Grundschule vorgenommen. Beraten wird dabei z. B. über individuelle Besonderheiten oder eine multikulturelle Zusammensetzung. Berücksichtigt werden auch bestehende Beziehungen der Kinder untereinander, Kinder mit Beeinträchtigungen oder besonderen Begabungen sowie mögliche Wünsche der Eltern oder seitens des Kindergartens.
Schulfähigkeit / Zurückstellung / Vorzeitige Einschulung	Falls erforderlich, wird darüber beraten, welche Möglichkeiten für Kinder bestehen, die noch nicht über die nötige Schulreife verfügen. Wie gestaltet sich ggf. eine Zurückstellung? Gibt es die Möglichkeit einer vorzeitigen Einschulung, und welche formalen Bedingungen bestehen hier von Seiten der Schule? Welche Kinder sind möglicherweise aus der Grundschule in den Kindergarten zurückgekommen, und welche Gründe gab es dafür?
Gemeinsame Veranstaltungen	Wichtiger Bestandteil der Kooperation sind gemeinsame Feste, Projekte oder Ausflüge. Solche Angebote bieten nicht nur einen vielfältigen Erfahrungsraum, sondern auch eine natürliche Gelegenheit zum gegenseitigen Kennenlernen. Zwischen Erzieherin und Lehrkraft wird vereinbart, welche Angebote es im Rahmen der Kooperation geben soll und wer diese organisatorisch umsetzt.
Elternbeteiligung am Schulübergang	Zu den zentralen Punkten zählt die Frage, wie Eltern in die Aktivitäten zum Schulübergang eingebunden werden können. Es wird vereinbart, welche konkreten Angebote es für die Eltern seitens des Kindergartens und seitens der Grundschule gibt und welche gemeinsam angeboten werden. Wann und wie können Eltern aktiv werden? Welcher Kooperationspartner übernimmt welche Bereiche der Elternarbeit?
Erstklasslehrkraft	Steht fest, wer die künftigen Schulkinder als Erstklasslehrkraft betreut, wird darüber beraten, wie die Kinder ihre Erstklasslehrkraft kennen lernen und wie schon im Vorfeld eine Beziehung aufgebaut werden kann.
Patenkindersystem	Ein bewährtes und häufig praktiziertes System ist das Patenkindersystem. Schulkinder übernehmen jeweils für ein Kind über einen gewissen Zeitraum (im Vorfeld der Einschulung und während der Eingewöhnungsphase in der Grundschule) die Patenschaft. Im Rahmen von Hospitationen in der Grundschule zeigen sie den Kindergartenkindern „ihre" Schule und geben ihnen dabei einen Einblick in den schulischen Alltag. Auf diese Weise stellen sie bereits eine Beziehung zu den Kindergartenkindern her und vermitteln ihnen neben Informationen auch Sicherheit. Eine weitere Möglichkeit sind Patenklassen, die mit dem Kindergarten in Verbindung stehen, z. B. durch gemeinsame Ausflüge.

Einschulungstag	Wie wird der Abschied im Kindergarten gestaltet? Wie gestaltet die Grundschule den Einschulungstag? Welche gemeinsamen Gestaltungsmöglichkeiten gibt es für den Einschulungstag? Wie wird die Familie des Kindes einbezogen?
Erstunterricht	Lehrkräfte, denen die Spiel- und Lernformen aus dem Kindergarten bekannt sind, können diese im Rahmen des Erstunterrichts aufgreifen und die Inhalte aus dem Lehrplan gezielter einsetzen. Bilderbücher, Spielmaterialien, Geschichten, Gedichte oder Lieder, die den Kindern bekannt sind, können ebenfalls Teil des Erstunterrichts werden. Die Erzieherin kann hier wichtige Informationen an die Lehrkraft weitergeben und so zur Gestaltung des Erstunterrichts beitragen.
Integrationsarbeit	Welche Formen der Integrationsarbeit, die bereits im Kindergarten praktiziert werden, können von der Grundschule weitergeführt werden? Wenn dies nicht möglich ist: Welche Alternativen stehen zur Verfügung?

Kontakt der Schulanfänger zur Grundschule

Für die künftigen Schulanfänger ist die Einschulung gleichbedeutend mit: „Ich bin groß". Daher sollte bei Kontakten mit der Grundschule der Schwerpunkt hierauf liegen. Den Kindern sollte mehrmals ein Besuch in der Schule und die Teilnahme am Unterricht ermöglicht werden. Aufgabe dieser Kontakte ist es, den Kindern ihre künftige Schule vorzustellen. Auf diese Weise sollen mögliche Ängste und Unsicherheiten abgebaut und die Kinder neugierig auf das neue Lebensumfeld gemacht werden.

Zu den Erkenntnissen einer zu diesem Thema durchgeführten Untersuchung (Griebel/Niesel 2002) gehört, dass ein Besuch in der künftigen Grundschule eher zu einer Verunsicherung der Kindergartenkinder geführt hat. Um dies zu vermeiden, ist die Beteiligung des Kindergartens an der Gestaltung einer Hospitation von besonderer Bedeutung.

Vorbereitung der Hospitation
Zunächst muss ein geeigneter Termin für eine Hospitation mit der Grundschule abgestimmt werden. Im Kindergarten wird vereinbart, welche Erzieherin die Kinder in die Schule begleitet. Mit der Grundschule wird abgesprochen, wer welche Funktion und Aufgabe während der Hospitation übernimmt. Von Seiten der Grundschule sollten zur Hospitation auch die künftigen Schulanfänger eingeladen werden, die keinen Kindergarten besuchen.

Mit den Kindern muss der Besuch vorbereitet werden. Dazu gehört, die Fragen der Kinder vorher zu thematisieren: Was macht ein Kind, wenn es während einer Unterrichtshospitation auf die Toilette muss und nicht bis zur Pause warten kann? Wann kann etwas gegessen werden? Was macht das Kind, wenn es nicht mehr sitzen kann? Was muss oder darf mitgenommen werden? Begleitet werden die Kinder durch eine Erzieherin.

Die Grundschule bereitet evtl. ein Patenkindersystem vor. Die Lehrkraft bespricht mit den Grundschulkindern deren Aufgaben als Paten bei der Hospitation.

Gestaltung der Hospitation
Die Hospitation ist eine Entdeckungsreise für die Kinder. Dabei wollen sie die Schule, aber auch die Schulkinder und Lehrkräfte kennen lernen. Die Teilnahme am Unterricht ermöglicht ihnen einen Eindruck von Verlauf und Inhalten.

Wenn ein Patenkindersystem vorhanden ist, dann lernen die künftigen Schulkinder ihre Paten kennen. Diese führen ihre Patenkinder durch das Schulgebäude und zeigen ihnen neben dem Klassenzimmer auch die sonstigen Gegebenheiten wie Toiletten, Turnhalle, Lehrerzimmer, Schulhof und Fahrradstellplätze. Gezeigt

> **Fragen zur Vorbereitung der Kinder auf eine Hospitation**
> - Was weißt du bereits über die Grundschule?
> - Wie stellst du dir den Tag in einer Grundschule vor?
> - Was möchtest du jetzt über die Grundschule wissen?
> - Mit wem möchtest du gerne in eine Klasse?
> - Wie stellst du dir deine Lehrerin vor? u. v. m.

werden ihnen auch die verschiedenen Spielmöglichkeiten in der Grundschule, z. B. in Pausenräumen oder auf Spielflächen im Außenbereich. Gleichzeitig sollte den Kindergartenkindern ermöglicht werden, persönliche Beziehungen zur Erstklassenlehrerin, zu Schulkindern und künftigen MitschülerInnen aufzubauen.

Kontakte zu Schulkindern
Bestandteil des Kennenlernprozesses sind Kontakte zu bereits eingeschulten Kindern. Ziel dieser Kontakte ist insbesondere der Erfahrungsaustausch mit den Schulkindern z. B. über die Einschulung und den Unterricht. Welche Erfahrungen haben sie bisher in der Schule gemacht, was haben sie erlebt, wie sind sie mit ihren Erwartungen, Unsicherheiten oder Ängsten umgegangen? Was macht ihnen in der Schule besonders viel Spaß, was gefällt ihnen nicht so gut und wie gehen sie damit um? Die Schulkinder können auch über den Umgang mit eigenen Bedürfnissen wie Spielen, Hunger oder Auf-die-Toilette-Müssen berichten. Ein weiteres Thema kann sein, wer Ansprechpartner bei Sorgen oder Problemen in der Schule ist.

Die Kontakte der künftigen Schulanfänger zu Schulkindern können vielfältig gestaltet werden. Mögliche Formen sind z. B.
- Besuch/Hospitation einer ersten Klasse im Kindergarten,
- Teilnahme an einer Weihnachts- oder Faschingsfeier in der Schule,
- Besuche/Hospitationen in der Schule,
- gegenseitige Teilnahme an Festen und Feiern,
- gemeinsame Ausflüge,
- gemeinsame Projekte.

Mögliches gemeinsames Projektthema könnte z. B. die erste Unterrichtsstunde sein. Schulkinder greifen dabei auf ihre eigenen Erfahrungen zurück. Kindergartenkinder lernen auf spielerische Weise eine für sie bedeutsame Situation kennen und erleben sie später bei der Einschulung als weniger belastend. Mit der gemeinsamen Teilnahme an Veranstaltungen oder Projekten wird den Kindergartenkindern nicht nur die Unsicherheit gegenüber einer neuen Umgebung genommen, sondern sie können dadurch auch wichtige Beziehungen zu Schulkindern aufbauen.

Patenkindersystem
Für Kindergartenkinder ist die Eingewöhnungsphase in der Grundschule eine Zeit, in der eine persönliche Begleitung besonders hilfreich ist. Bewährt hat sich dabei ein Patenkindersystem. In der Regel sind die Paten der Schulanfänger Kinder der vierten Klasse, die gut vertraut mit Regeln und Gegebenheiten der Schule sind. Die Vorbereitung der Paten sollte in der Grundschule erfolgen. Die Kinder sollten ihre Paten nicht erst am Einschulungstag kennen lernen. Für die Schulanfänger bedeutet die Begrüßung durch ein bekanntes Gesicht ein erhebliches Stück an Sicherheit.

Der Tag der Einschulung bildet den Höhepunkt der Kooperation zwischen Kindergarten und Grundschule.

Nachbereitung der Hospitation
Eine wichtige Funktion hat die intensive Nachbereitung jeder Hospitation. Thematisiert werden dabei z. B. folgende Fragen:
- Wie hat das Kind den Besuch in der Schule erlebt?
- Was war vertraut, was war neu?
- Was hat das Kind verunsichert?
- Welche Vorbehalte konnten abgebaut werden?
- Wen hat das Kind kennen gelernt?
- Zu wem konnte es eine Beziehung aufbauen?
- Wie hat das Kind die Räumlichkeiten empfunden?

Bei Erstkontakten gibt es weitere Fragestellungen, wie z. B., ob das Kind einen Paten bekommen hat und was gemeinsam unternommen wurde.

Für die individuelle Nachbereitung muss jedem Kind Zeit und Raum gegeben werden. Aufgabe der Erzieherin ist auch die persönliche Reflexion. Wenn Unzufriedenheit besteht, dann sollten die Gründe dafür gesucht und gemeinsam mit der Grundschule thematisiert werden.

Verabschiedung

Die Verabschiedung aus dem Kindergarten kann auf verschiedene Weise gestaltet werden. Möglichkeiten sind z. B. ein Abschiedsfest mit Übernachtung im Kindergarten, ein Grillfest mit den Kindern und ihren Eltern oder ein Ausflug der künftigen Schulkinder mit ihren Eltern und ErzieherInnen.

Konfessionelle Kindergärten bieten mitunter einen Abschiedsgottesdienst an. Dieser steht in direktem Zusammenhang mit dem Schulübergang. Dabei ist zu bedenken, dass Kinder, die nicht christlichen Glaubens sind, daran in der Regel nicht teilnehmen. Daher sollte im Rahmen der Kooperation geklärt werden, wie Kinder anderer Konfessionen und Religionen in diese Form der Verabschiedung eingebunden werden können. Welche Alternativ- oder Parallelangebote sind möglich? Welche gemeinsame Form ist in welchem Rahmen für alle eine gute Lösung, bei der niemand das Gefühl hat, ausgeschlossen zu sein?

Einschulungstag

Der Tag der Einschulung bildet den Höhepunkt der Kooperation zwischen Kindergarten und Grundschule. Das Kind verlässt den Kindergarten und begibt sich in eine neue Lebensphase. Als Bestandteil der Kooperation mit der Grundschule ist die Teilnahme der Erzieherin an der Einschulung nicht nur selbstverständlich, sondern unterstützt das Kind beim Übergang. Die Erzieherin vermittelt dem Kind, aber auch den Eltern, durch ihre Anwesenheit ein großes Stück Sicherheit.

Den Einschulungstag gestaltet die Grundschule. Zur Kooperation gehört jedoch die Mitgestaltung durch die Erzieherin. Dabei achtet sie darauf, dass die Gestaltung für die Kinder besonders ansprechend ist. Die Begrüßung und der Einstieg liegen in den Händen der Erstklassenlehrkraft, die sich über ihre Planungen mit der Erzieherin austauscht. In einem anschließenden Reflexionsgespräch kann gemeinsam über die Gestaltung und eventuelle Verbesserungsmöglichkeiten gesprochen werden.

Zur Einschulungsfeier kommen die Schulanfänger mit Eltern, Geschwistern und Verwandten. Das Kind erlebt, dass es ganz im Mittelpunkt steht. Die Klassenlehrerin und der Klassenraum sind dem Kind in der Regel bereits bekannt und so kann es das Geschehen an seinem „großen Tag" relativ entspannt erleben.

Schultüte

Nicht fehlen darf bei der Einschulung die Schultüte. Als deutlich sichtbares Zeichen wird durch sie allen signalisiert „Ich komme in die Schule", „Ich gehöre jetzt zu den Großen" – dies ist zugleich der Wechsel in eine neue Rolle.

Die Schultüte wird von den Eltern meist mit Süßigkeiten und Schulutensilien wie z. B. Schere, Farbkasten und Buntstiften gefüllt. Im Rahmen eines Elternabends können im Vorfeld Vorschläge für den Inhalt der Schultüte gemacht und Alternativen zu den Süßigkeiten diskutiert werden. Vielleicht lässt sich die Schultüte auch gemeinsam mit den Eltern im Kindergarten anfertigen.

Schulanfängergottesdienst

Vielfach beginnt der erste Schultag mit einem Schulanfängergottesdienst. Dieser Gottesdienst ist traditioneller Bestandteil der Einschulung, jedoch zunehmend umstritten. Da die Kirche früher in Deutschland die Schulaufsicht inne hatte, hat sich diese Form über einen langen Zeitraum hinweg entwickelt und erhalten. Die Zahl der Eltern und Kinder, die in keiner der großen Volkskirchen Mitglied sind, steigt aber mittlerweile. Hinzu kommt, dass viele Kindergartenkinder anderen Religionen angehören. Zu überlegen ist bei der Planung, ob der Schulanfängergottesdienst nicht z. B. an einem anderen Tag stattfinden sollte.

Eingewöhnungsphase

Der Zeitraum zwischen Schuljahresbeginn und Herbstferien ist für das Kind die Phase, in der es sich in der Schule einlebt. Dieser Eingewöhnungsprozess, der zugleich ein Ablösungsprozess vom Kindergarten ist, kann durch die Erzieherin unterstützt werden. Wenn auch viele Kinder froh sind, dass sie nun zur Schule gehen, sollte individuell abgeklärt werden, in welcher Form ein Kontakt zum Kindergarten für das Kind unterstützend wirkt. Hilfreich können in der ersten Zeit folgende Formen des Kontakts sein:

- Besuch des Schulkindes in der alten Kindergartengruppe,
- Besuch der Erzieherin in der Grundschule,
- Hausbesuch der Erzieherin bei der Familie.

Etwa vier Wochen nach der Einschulung kann die Grundschullehrkraft ihren Eindruck von der Situation des Kindes an die Erzieherin weitergeben. In einem Rückmeldegespräch zwischen Lehrkraft und Erzieherin können wichtige Informationen ausgetauscht werden.

KOOPERATION MIT ELTERN

- **Angebote für die Eltern im Kindergarten**
- **Anmeldung in der Grundschule**
- **Austausch der Eltern mit den Lehrkräften**
- **Kooperation mit der Elternvertretung der Grundschule**

Ein partnerschaftlicher und kontinuierlicher Dialog ist die zentrale Basis für eine erfolgreiche Kooperation mit den Eltern. Aber auch Veranstaltungen und Informationsbriefe zum Schulübergang stellen wichtige Beteiligungsmöglichkeiten für Eltern dar.

Angebote für die Eltern im Kindergarten

Eltern sind als Kooperationspartner in die Gestaltung des Übergangsprozesses eingebunden. Eine effektive Bildungs- und Erziehungsarbeit von Kindergarten und Grundschule kann nur im Einklang mit dem familiären Umfeld des Kindes geschehen. Mit Unterstützung der Eltern werden im Kindergarten wichtige Grundlagen für die individuelle Lernentwicklung sowie Kompetenzen in unterschiedlichen Lernbereichen entwickelt. Schulvorbereitung und Übergang haben ohne die Mitarbeit der Eltern wenig Aussicht auf Erfolg.
Die Bildungsdiskussion hat bei vielen Eltern die Sorge geweckt, ob ihr Kind

> Schulvorbereitung und -übergang haben ohne die Mitarbeit der Eltern wenig Aussicht auf Erfolg.

im Kindergarten genug lernt. Diese Sorge kann ihnen genommen werden, wenn ihnen deutlich gemacht wird, in welchem Rahmen und mit welchen Lern- und Erfahrungsmöglichkeiten ihrem Kind wesentliche Fähigkeiten im Kindergarten vermittelt werden. Neben ausführlicher persönlicher Information in Einzelgesprächen geben regelmäßige schriftliche Informationen einen Eindruck von der pädagogischen Arbeit, die im Kindergarten geleistet wird. Die Eltern werden auch ausführlich darüber informiert, in welcher Form sie zur Gestaltung des Schulübergangs beitragen können.
Es gibt verschiedene Möglichkeiten, Eltern beim Übergang ihres Kindes in die Schule zu unterstützen und sie daran zu beteiligen. Hierzu finden sich nachfolgend Vorschläge und Anregungen.

Partnerschaftlicher Dialog

Die Basis für eine erfolgreiche Kooperation mit den Eltern ist ein partnerschaftlicher Dialog, in dem man sich über die Entwicklung des Kindes austauscht. Dabei werden nicht nur die Wünsche und Erwartungen der Eltern, sondern auch Informationen über aktuelle Entwicklungen, pädagogisches Planen und Handeln sowie über Aktivitäten von Kindergarten und Grundschule im Rahmen der Kooperation einbezogen. Auf diese Weise werden den Eltern der Übergangsprozess und die damit verbundenen Vorhaben transparent gemacht.
Bei bekannten Problemstellungen oder auftretenden Schwierigkeiten werden in einem individuellen Beratungsgespräch mit den Eltern mögliche Lösungen erarbeitet. Auch bei Unzufriedenheit seitens der Eltern sollte ein persönliches Gespräch mit ihnen vereinbart werden. Erzieherin und Lehrkraft sollten sich vor einem Entwicklungs- oder Beratungsgespräch über die aktuelle Situation des Kindes austauschen.
Zu einem kontinuierlichen Dialog mit den Eltern gehören
- Entwicklungsgespräche,
- Informationsgespräch zum Verlauf des Schulübergangs,
- individuelle Beratung bei Problemen,
- Abschlussgespräch im Kindergarten.

Grundsätzlich müssen Eltern in Gesprächen das Gefühl haben, dass sie willkommen sind, dass ihnen zugehört wird und dass sie mit ihren Fragen, Ängsten oder Unsicherheiten ernst genommen werden.

Veranstaltungen

Für die Eltern der künftigen Schulanfänger gibt es Informationsveranstaltungen oder Themenabende, die über die Planungen bis zur Einschulung, aber auch über das erste Schuljahr Auskunft geben. Zu den möglichen Veranstaltungen zählen
- Elternabende
- Elternprojekte zu bestimmten Themen
- Vorträge und Informationsveranstaltungen
- Eltern-Bastelgruppen
- Eltern-Kind-Gruppen
- Angebote für Eltern
- Gemeinsame Ausflüge
- Gemeinsame Gestaltung von Festen und Feiern

Insbesondere für Elternabende gilt: Im Hinblick auf die Redezeiten von Eltern, Lehrkraft und Erzieherin sollte auf Ausgewogenheit geachtet werden. Die Eltern müssen ausreichend Zeit und Gelegenheit für Fragen bekommen. Bei der inhaltlichen Vorbereitung der Themen sollte darauf geachtet werden, dass diese für alle Eltern verständlich behandelt werden.

Themenvorschläge zur Vorbereitung von Elternabenden zum Schulübergang

Themenbereiche	Inhalte
Geplanter Verlauf bis zum ersten Schultag	Die Eltern werden über die Angebote des Kindergartens zum Schulübergang informiert. Hilfreich ist, wenn die Erzieherin dazu einen Jahresplan bzw. Kooperationskalender vorlegen kann. So kann eine Abstimmung der Termine mit den Eltern erfolgen und auf eventuelle Wünsche eingegangen werden.
Informationen zur Schulanmeldung	Die Eltern erhalten Informationen zur Schulanmeldung: Wo und wie sie ihr Kind anmelden können und welche Unterlagen mitzubringen sind. Dazu muss die Erzieherin vorab Informationen bei den Grundschulen des Einzugsbereichs einholen.
Informationen über Schulfähigkeit und Schuluntersuchung	Besonders wichtig ist für die Eltern das Thema „Schulreife und schulärztliche Untersuchung". Hier kann u. a. ausführlich über den Ablauf einer Schuluntersuchung informiert werden: Was erwartet das Kind und die Eltern dabei?
Fragen der Eltern	Eltern haben viele Fragen zum Schulübergang. Viele dieser Fragen kehren jedes Jahr wieder, und die Erzieherin kann sich darauf vorbereiten. Wenn sich eine Frage dennoch nicht sofort beantworten lässt, kann sich die Erzieherin in Ruhe informieren und den Eltern später das Ergebnis mitteilen. Die Fragen der Eltern sollten festgehalten und bei der Vorbereitung im nächsten Jahr berücksichtigt werden.

Einladung zum Elternabend für Eltern der Schulanfänger (Version 1)

Kindergarten
Musterstraße
Musterort

Liebe Eltern der künftigen Schulkinder,

zu einem Elternabend am 13. April 2004 um 20 Uhr laden wir Sie alle herzlich ein.
Herr Heinz Mustermann, Leiter der Grundschule Musterhausen, wird Ihnen seine Schule vorstellen und von seinen Erfahrungen mit Schulfähigkeit und Schulreife der Kinder berichten. Dazu wird er auch Situationen aus der Anfangsphase der Schulzeit beschreiben.
Es bleibt anschließend genug Zeit, damit Herr Mustermann Ihre Fragen rund um das Thema „Schulanfang" beantworten kann.
Wir laden alle Eltern, deren Kinder in diesem Jahr eingeschult werden, ein, sich an diesem Abend ausführlich zu informieren.
Bitte melden Sie sich verbindlich bei uns an, da wir einen kleinen Imbiss vorbereiten wollen.

Mit freundlichen Grüßen

Ihr Kindergartenteam

Einladung zum Elternabend für Eltern der Schulanfänger (Version 2)

Kindergarten
Musterstraße
Musterort

Liebe Eltern!

Ihr Kind kommt im nächsten Jahr in die Schule. Es verlässt damit unseren Kindergarten. Vieles wird sich dadurch für Sie und für Ihr Kind ändern. Wahrscheinlich sehen Sie der Einschulung nicht nur mit Freude entgegen und haben sicherlich schon heute viele Fragen.

Wir sind dafür da, den Schulübergang für Ihr Kind möglichst bruchfrei zu gestalten. Wir möchten, dass sich Ihr Kind auf die Schule freut, neugierig darauf wird und auch Sie sich auf den Schulbesuch Ihres Kindes freuen können. Dieses Ziel kann nur gemeinsam mit Ihnen und in Kooperation mit der Grundschule erreicht werden. Wir haben daher für Ihr Kind, aber auch für Sie, bis zur Einschulung verschiedene Aktivitäten und Veranstaltungen geplant. Gerne laden wir Sie dann dazu persönlich ein.

Zu unserem ersten Elternabend am Mittwoch, dem 24. November 2004, um 19 Uhr möchten wir Sie bereits heute einladen. Über eine Rückmeldung freuen wir uns.

Mit freundlichen Grüßen

Ihr Kindergartenteam

Elternbriefe

Mit Elternbriefen wird zusätzlich zur mündlichen Information verdeutlicht: Was machen wir und warum machen wir dies im Rahmen des Schulübergangs? Eltern können sich so in Ruhe ein umfassendes Bild von den Aktivitäten des Kindergartens, seiner Kooperation mit der Grundschule und weiterer pädagogischer Maßnahmen machen.

Ein weiterer Elternbrief kann über die Anmeldung zur Grundschule und die dafür erforderlichen Unterlagen informieren, auf die schulärztliche Untersuchung eingehen und die Situation in der Grundschule thematisieren, z. B.: was die Kinder erwartet, was sie an Schulmaterial oder Büchern benötigen oder wie der Einschulungstag und die ersten Wochen in der Grundschule verlaufen. Elternbriefe sind immer in verständlicher Sprache formuliert. Als Teil der Integrationsarbeit sollten sie bei Bedarf auch in anderen Sprachen vorliegen.

Mit Elternbriefen wird verdeutlicht: Was machen wir und warum machen wir dies im Rahmen des Schulübergangs?

Informationsbrief für die Eltern der Schulanfänger – Mustervorlage

Kindergarten
Musterstraße
Musterort

Liebe Eltern der künftigen Schulkinder,

das letzte Kindergartenjahr hat begonnen. Ihre Kinder wissen, dass sie jetzt „Schulanfänger" sind und an unserem „Schulanfänger-Programm" teilnehmen. Sie kennen von den Schulanfängern aus dem letzten Jahr die verschiedenen Aktivitäten und freuen sich darauf.
In unser Schulanfänger-Programm beziehen wir alle Kinder ein, die sicher in die Schule kommen und die aufgrund ihres Alters und/oder Entwicklungsstandes dazu gehören. Kinder, bei denen der Schulbesuch nicht sicher ist („Kann-Kinder") beziehen wir ein, wenn bei ihnen die Schuluntersuchung die Eignung zum Schulbesuch ergeben hat. Damit möchten wir ihnen die Enttäuschung ersparen, ggf. wieder aus dem Programm herausgenommen zu werden.

Warum machen wir dies?
Unser Kindergarten hat die Aufgabe, Familien beim Entwicklungsprozess ihres Kindes zu unterstützen und zu dessen Schulfähigkeit beizutragen. Im Rahmen unserer pädagogischen Arbeit bieten wir den Kindern dazu vielfältige Erfahrungs- und Handlungsmöglichkeiten, durch die ihre individuellen Fähigkeiten gefördert und mögliche Entwicklungsverzögerungen allmählich ausgeglichen werden.
Ihr Kind selbst verändert sich körperlich, es wird größer, die ersten Milchzähne fallen aus – ein Zeichen dafür, dass sich aus dem Kindergartenkind ein Schulkind entwickelt. Damit verändern sich auch die geistigen und körperlichen Fähigkeiten. Das logische Denken beginnt, d. h. Ihr Kind probiert nicht mehr nur aus, was „passiert wenn", sondern es überlegt und verwertet dabei seine bisherigen Erfahrungen und kommt so zu einer Schlussfolgerung. Das Bedürfnis nach Neuem und nach Anregungen wächst. Ebenso verspürt Ihr Kind einen anderen Leistungsdrang, verbunden mit dem Wunsch nach einem eigenständigen und größeren Aktionsradius.
Mit unserem Schulanfänger-Programm wollen wir den Bedürfnissen und Interessen der Kinder entgegenkommen. Dazu gehören Themen, die nur sie bearbeiten, sowie vielfältige Angebote wie z. B. Besuche und Ausflüge. Wir wollen ihnen auf diese Weise Anregungen zur geistigen Auseinandersetzung anbieten und sie Schlussfolgerungen entwickeln lernen lassen.

Was wir Ihrem Kind anbieten:
Die pädagogischen Ziele, die wir ständig überprüfen, erweitern und neu formulieren, sind dabei u. a.: Förderung der Selbstständigkeit, Ausbau der Konzentrationsfähigkeit, Training des Durchhaltevermögens und der Ausdauer, Förderung von Rücksichtnahme, Kooperationsfähigkeit und Bereitschaft, eigene Interessen zurückzustellen und vorgegebene Aufgaben zu erledigen sowie Ausbau der Frustrationstoleranz. Hinzu kommen so genannte kognitive Ziele wie Mengen überschauen, bis 10 zählen, den eigenen Namen schreiben, eine Geschichte nacherzählen oder Stift und Schere halten können.

Was wir außerdem anbieten:
In den letzten Wochen haben wir uns noch einmal eingehend mit Ihrem Kind befasst und möchten Ihnen dazu in einem persönlichen Gespräch Informationen über seine Entwicklung bei uns im Kindergarten, über Stärken und Schwächen sowie den weiteren Förderverlauf geben. Gerne sprechen wir mit Ihnen über die Frage, ob Ihr Kind eingeschult werden kann. Dabei können wir auch klären, ob Ihr Kind ein „Kann-Kind" oder ein „Schulanfänger" ist. Gesetzlich sind alle Kinder, die bis zum 30.6. eines Jahres sechs Jahre alt geworden sind, künftige Schulkinder. Alle Kinder, die danach (bis einschließlich 31.12.) Geburtstag haben, sind so genannte Kann-Kinder. Wir beraten Sie gerne und ausführlich über die Möglichkeiten Ihres Kindes.

Was wir Ihnen noch sagen möchten:
Wir freuen uns auf eine gemeinsame Begleitung Ihres Kindes auf seinem Weg in die Schule.

Mit freundlichen Grüßen

Ihr Kindergartenteam

Anmeldung in der Grundschule

Im Rahmen der Schulvorbereitung ist die Erzieherin für die Eltern eine wichtige Ansprechpartnerin. Insbesondere zur Anmeldung ihres Kindes in der Grundschule haben die Eltern in der Regel viele Fragen. Aber auch im Hinblick auf zu planende Kooperationsvorhaben oder Projekte sollte sich die Erzieherin beim Schulträger zu den folgenden Fragen informieren.

Welche Grundschulen liegen im Einzugsbereich des Kindergartens? Es sollte klar sein, welche Grundschulen im Einzugsbereich des Kindergartens liegen und welche Beratungs- und Informationsmöglichkeiten es insbesondere für Eltern gibt.

Welche Schulformen werden angeboten? Gibt es Schulen mit Eingangs- oder Vorklassen? Wer bietet sonderpädagogische Fördermöglichkeiten an? Gibt es eine verlässliche Halbtagsgrundschule? Gibt es eine Ganztagsgrundschule, bzw.: welche Schule bietet einen offenen Ganztagsbetrieb an?

Welche ergänzenden Betreuungsformen gibt es im Umfeld der Grundschule? Dazu gehören z. B. Hortangebote, aber auch wählbare Möglichkeiten wie z. B. Mittagessen oder die Teilnahme an einem offenen Ganztagsbetrieb. Zentrale Bedeutung hat für das Kind und seine Familie, welche Betreuungszeiten in Anspruch genommen werden können.

Wie melden Eltern ihr Kind an? Bei der Anmeldung in der Grundschule müssen die Eltern eine Geburtsurkunde ihres Kindes und das Familienstammbuch mitbringen. Im Rahmen einer Kooperation kann vereinbart werden, dass die Schulleitung die Anmeldung von den Eltern persönlich entgegennimmt. Dabei bietet sich eine gute Gelegenheit, um offene Fragen der Eltern zu klären. In einem solchen Gespräch kann auch über die Möglichkeit einer vorzeitigen Einschulung oder einer erforderlichen Zurückstellung des Kindes gesprochen werden. Die Erzieherin sollte auch klären, wie vorzugehen ist, wenn Eltern ihr Kind in einer anderen als der zuständigen Grundschule anmelden möchten. Kann in diesem Fall eine Ausnahmegenehmigung durch die Schulleitung oder das zuständige Schulamt erteilt werden? Was ist, wenn die Grundschule ein Kind aus Kapazitätsgründen nicht aufnehmen kann? Die Anmeldung ist in der Regel der erste Schritt in die Schule. Eltern, denen dabei vermittelt wird, dass sie willkommen sind, fällt später der Umgang mit der Schule leichter.

Austausch der Eltern mit den Lehrkräften

Gemeinsame Veranstaltungen mit Eltern, ErzieherInnen und Lehrkräften bieten Gelegenheit, Informationen weiterzugeben und Fragen zum Thema Grundschule zu beantworten. Hierzu können die Eltern aller Kinder eingeladen werden, die künftig gemeinsam eine Klasse besuchen. Dabei sollten auch die Eltern berücksichtigt werden, deren Kinder keinen Kindergarten besuchen. Die Veranstaltung sollte in der Grundschule, kann aber auch im Kindergarten stattfinden. Termin, Uhrzeit und Verlauf besprechen Erzieherin und Lehrkraft gemeinsam. Mögliche Themen solcher gemeinsamen Veranstaltungen werden im Folgenden genannt.

Angebote in der Schule
Die Eltern werden ausführlich darüber informiert, was ihre Kinder mit dem Eintritt in die Grundschule an pädagogischen Angeboten erwartet.

Klassenlehrkraft
Wer die künftigen Schulkinder als Klassenlehrkraft begleitet, wird durch die Grundschule festgelegt. Die Entscheidung trifft die Schulleitung in Absprache mit den Lehrkräften, Eltern und Erzieherin haben darauf keinen Einfluss. Die künftige Klassenlehrkraft stellt sich den Eltern z. B. bei einem Elternabend vor.

Klassenzusammensetzung
Für Eltern ist die Zuordnung ihres Kindes zu einer bestimmten Klasse sehr relevant. Dennoch muss ihnen deutlich gemacht werden, dass die Entscheidung von der Schule gefällt wird.

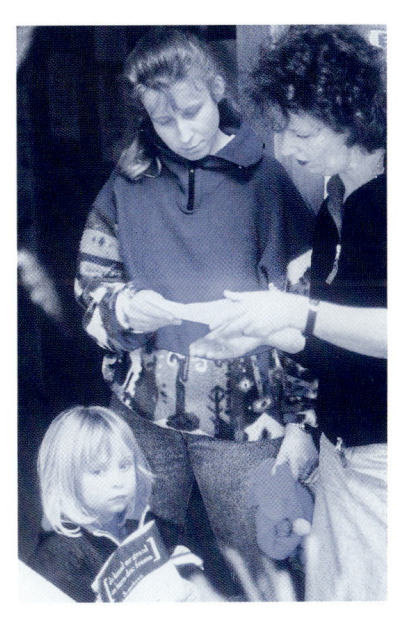

Patenschaften

Wenn ein Patenkindersystem vorhanden ist, stellt die Lehrkraft das Prinzip und die Chancen, die sich daraus für die Schulanfänger ergeben, den Eltern vor.

Unterrichtsformen

Die Lehrkraft informiert die Eltern über die Unterrichtsstruktur und den Tagesablauf in der Schule. Welche Unterrichtsformen gibt es? Welche Spiel- und Lernformen aus dem Kindergarten werden weitergeführt? Welche Anforderungen werden dabei an das Kind gestellt?

Unterrichtsthemen

Neben allgemeinen Informationen zum Unterrichtsverlauf erläutert die Lehrkraft, welche Themen in der Anfangszeit im Unterricht behandelt werden. Dabei ist besonders wichtig, ob z. B. Themen aus dem Kindergarten aufgegriffen und weitergeführt werden.

Hausaufgaben

Die Lehrkraft erklärt den Eltern zum Thema Hausaufgaben, welche Anforderungen auf ihre Kinder zukommen. Welche Unterstützung seitens der Eltern ist erforderlich? Welche Fördermöglichkeiten bietet die Grundschule? Was machen Eltern, wenn ihre Kinder die Lust an den Hausgaben verlieren?

Einschulungstag

In diesem Zusammehang kann mit den Eltern z. B. thematisiert werden, was in die Schultüte und in einen Schulranzen gehört. Hier können sowohl Erzieherin als auch Lehrerin wichtige Tipps geben: So sollte eine Schultüte neben ein paar Süßigkeiten auch Obst und Schulutensilien wie Schere, Buntstifte oder Farbkasten enthalten. Der Schulranzen gehört auf den Rücken und darf

> **Die Basis für eine erfolgreiche Kooperation mit den Eltern ist ein partnerschaftlicher, kontinuierlicher Dialog.**

daher nicht zu viel Gewicht haben. Eltern sollten mit den Lehrkräften im Vorfeld besprechen, welche Dinge am Einschulungstag unbedingt mitgenommen werden müssen.

Kooperation mit der Elternvertretung der Grundschule

Bei einem gemeinsamen Treffen der Elternvertretungen des Kindergartens und der Grundschule können auf einer weiteren Ebene wichtige Informationen aus der Perspektive der Eltern ausgetauscht werden. Insbesondere die Eltern aus der Grundschule können den Eltern der künftigen Schulkinder ihren persönlichen Eindruck, Schwierigkeiten und den Umgang damit, aber auch positive Erfahrungen mit der Grundschule schildern. Mögliche Themen sind z. B.:
- Aktivitäten im Kindergarten zur Schulvorbereitung
- Erwartungen der Schule im Hinblick auf die Schulvorbereitung
- Elterninteressen bei der Klasseneinteilung
- Austausch über Erfahrungen oder Fähigkeiten der Kinder
- Austausch über Lernmaterialien, Spiele, Rituale, Regeln, Gewohnheiten

Mitbestimmungsmöglichkeiten

Bereits die Erzieherin macht die Eltern auf die Möglichkeit und Wichtigkeit der Mitbestimmung in der Grundschule aufmerksam und bestärkt sie darin, entsprechende Aufgaben zu übernehmen. Eltern können sich dadurch für die Interessen ihres Kindes verantwortlich zeigen und über bestimmte Rahmenbedingungen mitentscheiden. Die Eltern der Grundschulkinder können die Eltern der Schulanfänger darüber informieren, welche Möglichkeiten der Mitbestimmung es an der Schule gibt. Dazu gehören auch Informationen über Mitwirkungsmöglichkeiten wie z. B. Mitwirkung im Unterricht und an Arbeitsgemeinschaften sowie Mitgestaltung von Veranstaltungen und Angeboten.

Kandidatur als Elternvertreter

„Grundschuleltern" berichten über ihre Aktivitäten als Elternvertreter. Sie erklären das Verfahren der Wahl von Elternvertretern, schildern Rechte und Pflichten, die aktuell wahrgenommen werden, und geben Tipps für die Bildung einer Elternvertretung.

Elternförderverein

Vielleicht gibt es in der Grundschule bereits einen Förderverein. „Grundschuleltern" informieren über den Verein und beschreiben Ziele und Aktivitäten. Die Eltern der künftigen Schulkinder sollten über Mitgliedschaft und Mitwirkung im Förderverein aufgeklärt werden. Falls vorhanden, sollte Informationsmaterial verteilt werden.

Denkanstöße

Für die Diskussion im Team – und Ihre praktische Arbeit

Wassilios E. Fthenakis (Hrsg.)

Elementarpädagogik nach PISA

Wie aus Kindertagesstätten Bildungseinrichtungen werden können

240 Seiten, kartoniert
€ *19,90* / SFr 34.90
€ *[A] 20,50**
ISBN 3-451-28062-0

Kindertageseinrichtungen tragen eine hohe Verantwortung: Der Erfolg von späteren Bildungsprozessen hängt unmittelbar von den Erfahrungen der frühen Kindheit ab. Führende Vertreter aus Wissenschaft und Praxis präsentieren in diesem Buch neue Erkenntnisse aus der Bildungs- und Familienforschung, Entwicklungspsychologie, Modelle zur Qualitätssicherung, internationale Vergleichsstudien und diskutieren über notwendige politische Maßnahmen.

Sigrid Weber (Hrsg.)

Die Bildungsbereiche im Kindergarten

Basiswissen für Ausbildung und Praxis

208 Seiten, kartoniert
€ *14,90* / SFr 26.80
€ *[A] 15,40**
ISBN 3-451-28143-0

Armin Krenz

Wie Kinder Werte erfahren

Wertevermittlung und Umgangskultur in der Elementarpädagogik

176 Seiten, kartoniert
€ *12,90* / SFr 23.50
€ *[A] 13,30**
ISBN 3-451-26504-4

Sabine Herm

Mit „schwierigen" Kindern umgehen

Ein Leitfaden für die Praxis

176 Seiten, kartoniert
€ *12,90* / SFr 23.50
€ *[A] 13,30**
ISBN 3-451-27916-9

Thomas Ebers / Markus Melchers

Vom Wert der Wertedebatte

Anmerkungen und Orientierung

144 Seiten, kartoniert,
€ *12,90* / SFr 23.50
€ *[A] 13,30**
ISBN 3-451-27924-X

---

*Europreis Österreich [A] = unverbindliche Preisempfehlung · Unsere Bücher erhalten Sie in jeder Buchhandlung oder bei D+A: kindergarten heute Fachversand, Postfach 674, D-79006 Freiburg · CH: Herder AG Basel, Postfach, CH-4133 Pratteln 1.
Für Ihre Bestellung finden Sie in der Heftmitte eine Bestellkarte des kindergarten heute Fachversands.

www.herder.de   **HERDER**

REFLEXION UND AUSWERTUNG

- **Selbstauswertung der Kooperation und Rückmeldung der Eltern**

Reflexion und Auswertung (= Evaluation) sind wichtige Methoden, um die Kooperation beim Schulübergang zu optimieren. Dazu wurden Fragebögen für ErzieherInnen und Eltern entwickelt, die eine Verbesserung der Kooperationsarbeit und damit eine Qualitätssicherung ermöglichen.

Selbstauswertung der Kooperation

Eine Kooperation zwischen Kindergarten, Grundschule und Eltern beim Schulübergang ist für die meisten Kindergärten nichts Neues. Vielfältige Formen werden bereits praktiziert. Bereits im Zuge der Qualitätsdiskussion Ende der 90er-Jahre kam die Frage auf, wie die pädagogische Qualität dieser Kooperationen aussieht. Wie muss eine Kooperation gestaltet sein, damit der Schulübergang optimal verläuft? Welche Resultate bringt die Kooperation, und wie können diese im Sinne eines gleitenden Übergangs noch verbessert werden? In enger und kontinuierlicher Zusammenarbeit mit Grundschulen, Kindergärten, FachberaterInnen und Schulaufsicht wurde an der Universität Oldenburg ein dreizehnteiliges Instrumentarium zur Auswertung (= Evaluation) des Übergangs vom Kindergarten in die Grundschule entwickelt. Als Instrumentarium zur Selbstevaluation soll es eine Handreichung für die Praxis sein und kann dort von den Beteiligten selbst durchgeführt werden. Eine solche Selbstevaluation hat den Vorteil, dass mehr Transparenz und Verbindlichkeit geschaffen wird, dass die unterschiedlichen Rahmenbedingungen der Einrichtungen besser berücksichtigt werden und dass bei den Beteiligten eine größere Bereitschaft für Veränderungen geweckt wird.

Im Hinblick auf die heute geforderte Qualitätssicherung sollte die Auswertung (= Evaluation) des Übergangs und der Kooperationsarbeit Teil des Qualitätssicherungskonzeptes jedes Kindergartens sein. Möglich ist dies durch externe Evaluation oder durch Selbstevaluation. Letztere kann bei systematischer und fundierter Anwendung sogar effektiver sein.

Vorteile

Als Vorteile einer Selbstevaluation beim Schulübergang haben Hopf, Zill-Sahm und Franken (2004) folgende Aspekte formuliert:
- Geeignetes Mittel für eine systematische Rückmeldung bei häufig wiederkehrenden Situationen.
- Strukturiertes Sammeln von Einschätzungen, die einen Austausch zwischen den beteiligten Gruppen anregen und fördern können.
- Mittel, um Beteiligten zu zeigen, was sie zu tun haben.
- Erweiterung der Wahrnehmung, Stärkung der Motivation bei der Beteiligung.
- Möglichkeit zur Entwicklung von eigenen Gütekriterien.
- Legitimationshilfe gegenüber Trägern, anderen Kindergärten, Eltern, Öffentlichkeit.

Instrumentarien

Im Projekt „Instrumentarium zur Evaluation des Übergangs vom Kindergarten in die Grundschule" (Hopf/Zill-Sahm/Franken 2001) wurden Verfahrensvorschläge zur Auswertung von Kooperationsbereichen entwickelt. Diese Instrumentarien eignen sich zur Reflexion folgender Bereiche der Kooperationsarbeit zwischen Kindergarten und Grundschule:

- Schriftlicher Austausch zwischen Kindergarten und Grundschule (z. B. pädagogisches Konzept, Tagesrhythmus).
- Gemeinsames Treffen von ErzieherInnen und Lehrkräften (z. B.: Wie zufrieden stellend wurde der Terminplan abgesprochen oder der individuelle Förderbedarf thematisiert?).
- Austausch über pädagogische Maßnahmen (z. B.: Wurden Informationen ausgetauscht über Rituale, Spielformen oder Möglichkeiten des sozialen Lernens?).
- Besuche von Lehrkräften im Kindergarten oder ErzieherInnen in der Grundschule (z. B.: Wie zufrieden stellend wurde der Schulbesuch der künftigen Schulanfänger oder das Patenkindersystem thematisiert?).
- Besuche der künftigen Schulanfänger in der Grundschule (z. B.: Wie zufrieden stellend war die Rollen- und Aufgabenverteilung von Erzieherin und Lehrkraft während des Besuches?).
- Beteiligung an der Schulfähigkeitsfeststellung (z. B.: Wie wird der Einfluss der Eltern oder der Erzieherin eingeschätzt?).
- Verfahren zur Schulfähigkeitsfeststellung (z. B.: Was sollte stärker in die Schulfähigkeitsfeststellung einbezogen werden? Beispiel: Gespräche mit den Eltern).
- Elternabend (z. B.: Wie war der Grad der Zufriedenheit nach dem Elternabend? Waren die Redeanteile von Eltern, Erzieherin und Lehrkraft ausgewogen?).
- Einschulungstag (z. B.: War der Einschulungstag für die Kinder ansprechend gestaltet?).

Kopiervorlage

ErzieherInnen-Fragebogen zum Kooperationsverlauf zwischen Kindergarten und Grundschule

Bei dieser Selbstbefragung der Erzieherin zur Kooperation mit der Grundschule geht es darum, den Kooperationsverlauf kritisch zu reflektieren und daraus Fragen und Verbesserungsvorschläge für den Einstieg in künftige Kooperationsprozesse abzuleiten.

1. Über die Angebote und Maßnahmen zum Schulübergang bin ich informiert worden:
   ❏ gut   ❏ zufrieden stellend   ❏ weniger zufrieden stellend*
   _____

2. Die Elternabende haben für mich wichtige Themen zum Schulübergang behandelt:
   ❏ gut   ❏ zufrieden stellend   ❏ weniger zufrieden stellend**
   _____

3. Der Austausch mit den Lehrkräften hat für mich wichtige Fragen beantwortet:
   ❏ gut   ❏ zufrieden stellend   ❏ weniger zufrieden stellend*
   _____

4. Auf die Kooperation fühlte ich mich vorbereitet:
   ❏ gut   ❏ zufrieden stellend   ❏ weniger zufrieden stellend*
   _____

5. Die Ansprechbarkeit der Kooperationsbeauftragten bei Fragen/Problemen habe ich erlebt als
   ❏ gut   ❏ zufrieden stellend   ❏ weniger zufrieden stellend*
   _____

6. Wenn ich an der Gestaltung beteiligt war, empfand ich die Möglichkeiten als
   ❏ gut   ❏ zufrieden stellend   ❏ weniger zufrieden stellend*
   _____

7. Die schriftlichen Informationen waren für mich verständlich formuliert:
   ❏ gut   ❏ zufrieden stellend   ❏ weniger zufrieden stellend*
   _____

8. Die angebotenen Fortbildungen waren im Hinblick auf die Umsetzbarkeit in die Praxis
   ❏ gut   ❏ zufrieden stellend   ❏ weniger zufrieden stellend*
   _____

9. Zum Schluss beschreiben Sie bitte, was Ihnen im Rahmen der Kooperation besonders gut gelungen ist.
   _____
   _____

* Nennen Sie bitte die Ursache, warum Sie „weniger zufrieden stellend" angekreuzt haben.
** Nennen Sie bitte Themen, die Sie gerne bei den Elternabenden besprochen hätten.

Kopiervorlage

Eltern-Fragebogen zum Übergang vom Kindergarten in die Grundschule

Dieser Fragebogen sollte einige Zeit nach der Einschulung von den Eltern ausgefüllt werden. Mit diesem Fragebogen können die Eltern der neuen Erstklässler eine Rückmeldung zum Verlauf des Schulübergangs und zu den Kooperationsmaßnahmen abgeben.

1. Über die Angebote und Maßnahmen zum Schulübergang bin ich/sind wir informiert worden:
   ❏ gut   ❏ zufrieden stellend   ❏ weniger zufrieden stellend*
   _____

2. Die Elternabende haben für mich/uns wichtige Themen zum Schulübergang behandelt:
   ❏ gut   ❏ zufrieden stellend   ❏ weniger zufrieden stellend**
   _____

3. Der Austausch mit den Lehrkräften hat für mich/uns wichtige Fragen beantwortet:
   ❏ gut   ❏ zufrieden stellend   ❏ weniger zufrieden stellend*
   _____

4. Auf die schulärztliche Untersuchung fühlte/n ich mich/wir uns vorbereitet:
   ❏ gut   ❏ zufrieden stellend   ❏ weniger zufrieden stellend*
   _____

5. Die Ansprechbarkeit der Erzieherin bei Fragen oder Problemen habe/n ich/wir erlebt als
   ❏ gut   ❏ zufrieden stellend   ❏ weniger zufrieden stellend*
   _____

6. Wenn ich/wir an der Gestaltung beteiligt war/en, empfand/en ich/wir die Möglichkeiten
   ❏ gut   ❏ zufrieden stellend   ❏ weniger zufrieden stellend*
   _____

7. Die schriftlichen Informationen waren für mich/uns verständlich formuliert:
   ❏ gut   ❏ zufrieden stellend   ❏ weniger zufrieden stellend*
   _____

8. Zum Schluss beschreiben Sie bitte, welche Themen Sie für so wichtig beim Schulübergang halten, dass sie außerdem noch behandelt werden sollten.
   _____
   _____
   _____
   _____

* Nennen Sie bitte die Ursache, warum Sie „weniger zufrieden stellend" angekreuzt haben.
** Nennen Sie bitte Themen, die Sie gerne bei den Elternabenden besprochen hätten.

ÜBERGANGS- UND KOOPERATIONS- KALENDER

Um den Verlauf der Übergangsphase und der Kooperationen für alle Beteiligten transparent zu machen, hat sich das Führen eines Übergangskalenders und eines Kooperationskalenders als sinnvoll erwiesen. Während der Übergangskalender alle Aktivitäten des Kindergartens im Zusammenhang mit der Schulvorbereitung und dem Schulübergang berücksichtigt, bezieht sich der Kooperationskalender ausschließlich auf die Kooperationsvorhaben mit den verschiedenen Kooperationspartnern des Kindergartens.

Übergangskalender
Die Kooperationsvorhaben mit der Grundschule finden im Übergangskalender ebenso Berücksichtigung wie die Aktivitäten mit den Kindern im Rahmen der Entwicklungsförderung, die Kooperation mit den Eltern und alle externen Angebote, die im Zusammenhang mit der Schulvorbereitung und dem Schulübergang in Anspruch genommen werden. Geführt wird der Übergangskalender durch die Kooperationsbeauftragte. Sie erhält vom Kindergarten alle relevanten Informationen.
Ein Übergangskalender ist ein Instrument zur Qualitätsentwicklung, in dem alle Zielvereinbarungen, Terminplanungen und Aktivitäten im Zusammenhang mit dem Schulübergang festgehalten werden. Gemeinsam bilden sie einen Leitfaden zur Gestaltung eines bestmöglichen Übergangs vom Kindergarten in die Grundschule. Anhand dieses Leitfadens lassen sich der Verlauf der Schulvorbereitung im letzten Kindergartenjahr sowie die Gestaltung des Schulübergangs systematisch evaluieren. Auf diese Weise kann die pädagogische Arbeit ständig neuen Situationen angepasst werden.

Vorschlag für einen Übergangskalender

Zeitraum	Kooperation mit der Grundschule	Kooperation mit den Eltern	Angebote für die Kinder	Externe Angebote
Oktober/ November	**Beispiele:** • Austausch über den vergangenen Kooperationsverlauf • Kennenlernen neuer Einrichtungen	**Beispiele:** • Evaluation des Übergangs mit den Eltern der Schulkinder • Informationsbrief an die Eltern der künftigen Schulkinder	**Beispiel:** • Besuch der ehemaligen Kindergartenkinder	**Beispiel:** • Fortbildung zum Thema Schulübergang
Dezember/ Januar				
Februar/ März				
April/ Mai				
Juni/ Juli				
August/ September				

Kooperationskalender

Im Kooperationskalender sind die Termin- und Verlaufsplanung sowie die Inhalte der Kooperation mit der Grundschule, den Eltern und weiteren Partnern aufgeführt. Auch alle Projekte, Hospitationen, Ausflüge sowie die Angebote im Rahmen der Elternarbeit, die im Zusammenhang mit Kooperationen stehen, werden hier eingetragen.

Dass ein solcher Kooperationskalender eine wichtige Hilfe bei der gesamten Planung darstellt, ist auf den ersten Blick nicht für jeden erkennbar. Gegenargumente sind dann vor allem der zusätzliche Arbeitsaufwand durch das Erstellen sowie die Einengung durch die Festlegung von Terminen. Der Kooperationskalender sollte jedoch als Chance gesehen werden. Als pädagogisches Konzept stellt er einen Leitfaden für die gesamte Kooperationsarbeit dar. Die Vorteile eines Kooperationskalenders sind u. a.:

- Struktur und Systematik im Übergangsverlauf,
- Formulierung von Zielsetzungen,
- Leitfaden für gezieltes pädagogisches Handeln,
- Konkretisierung der pädagogischen Inhalte zum Übergang,
- Transparenz des Übergangsverlaufs für alle Beteiligten,
- Grundlage für eine Evaluation des Schulübergangs,
- Festschreibung von Kooperationsplanungen.

Führen des Kooperationskalenders

Die Termine und Inhalte im Rahmen der Kooperationsarbeit zum Schulübergang werden von Kindergarten und Grundschule gemeinsam abgestimmt und in den Kooperationskalender eingetragen. In einem Planungsgespräch kann jede Seite dazu Vorschläge machen. Das Führen des Kooperationskalenders gehört zu den Aufgaben einer Kooperationsbeauftragten. Sie koordiniert die gemeinsamen Termine und Veranstaltungen, konkretisiert die Inhalte und Zielvereinbarungen, klärt die Zuständigkeiten der Vorbereitung von Aktivitäten, koordiniert die Durchführung und bereitet die Evaluation nach der Durchführung vor.

Übersichtlich ist eine Einteilung des Kooperationskalenders in Monate. Begonnen wird in der Regel im Herbst. Der Beginn im Oktober kann mit einem Rückblick auf die vorangegangenen Kooperationen und Inhalte verbunden und einzelne Bereiche können evaluiert werden (vgl. Kapitel „Reflexion und Auswertung"). Auf diese Weise wird insbesondere der Kooperationsprozess mit der Grundschule kontinuierlich fortgesetzt.

Der Verlauf des Übergangs ist dynamisch. Situationsbedingte Veränderungen können eine Änderung des geplanten Ablaufs erforderlich machen. Ebenso gibt es bei den jeweiligen Aktionen oder Vorhaben Ergänzungen oder Abweichungen. Wichtig ist, dass erforderliche Änderungen von allen Kooperationspartnern gemeinsam beschlossen und anschließend im Kooperationskalender festgehalten werden.

Inhalte des Kooperationskalenders

Als Bezugsrahmen und Anregung für die Gestaltung des eigenen Kooperationskalenders können die beiden folgenden Beispiele dienen. Bei den aufgeführten Inhalten besteht kein Anspruch auf Vollständigkeit.

basiswissen kita

Inhalte eines Kooperationskalenders (aus: Hacker 1992)

Monat	Inhalte
November	• Konstituierung des Kooperationsteams • Erste Treffen in der Grundschule • Sammlung von Vorschlägen für die künftige gemeinsame Arbeit • Einigung auf Kooperationsformen (Gemeinsame Veranstaltungen u. ä.)
Dezember	• Beratung von Veranstaltungen in der Vorweihnachtszeit • Gemeinsame Weihnachtsfeier (Gastgeber ist die Grundschule) • Aktive Einbeziehung der Gäste in die Gestaltung und das Geschehen
Januar	• Abstimmung über Möglichkeiten der Elternarbeit • Erster gemeinsamer Elternabend nimmt Formen an • Zeugnisvorbereitung in der Schule ist Anlass, über Kinderbeobachtung nachzudenken • Problem der Schulfähigkeit wird erstmals angesprochen
Februar	• Das Team thematisiert schwerpunktmäßig die schulärztliche Untersuchung und die Schulanmeldung • Erste gemeinsame Faschingsveranstaltung
März	• Die nach den Osterferien stattfindende Hospitation steht im Mittelpunkt, Gespräch über Sinn und Zweck gegenseitiger Hospitationen und des möglichen Engagements von Hospitationsgästen
April	• Das Team erkundet die Möglichkeiten von Korrespondenzen und Patenschaften zwischen Kindergarten und Grundschule • Schwierigkeiten einzelner Kinder werden Thema gemeinsamer Sprechzeiten von Erzieherin und Lehrkräften
Mai	• Mit den Kindern werden schulvorbereitende Situationseinheiten durchgeführt. Diese werden im Team ausführlich erörtert mit Klärung, welchen Part Lehrkräfte übernehmen können • Weniger offizieller Elterntreff (Stammtisch, Wanderung) wird geplant und durchgeführt
Juni	• Hospitationserfahrungen werden diskutiert und ein Schulbesuch der Kinder wird vorbereitet und durchgeführt • Elterninformationsabend in der Grundschule wird geplant
Juli	• Planung eines gemeinsamen Jahresabschlusses • Bilanz der Kooperation und Entwicklungsvorschläge für das nächste Jahr • Einschulungstag wird Projekt
September	• Entwicklung eines Planes für die Durchführung und Gestaltung der ersten Schulwochen unter Berücksichtigung der Vorschläge aus dem Kindergarten • Hospitationen von ErzieherInnen in der Grundschule • Schülerbeobachtung, Fördermaßnahmen, Zurückstellung
Oktober	• Planung einer gemeinsamen Veranstaltung von Kindergarten und Grundschule im Verlauf des Herbstes

Exemplarisch soll eine weitere Übersicht, erstellt von der Projektgruppe „Kooperation zwischen Tageseinrichtungen für Kinder und Grundschulen" des Kultusministeriums des Landes Baden-Württemberg, vorgestellt werden. In dieser Übersicht werden nicht einzelne Monate, sondern Zeiträume aufgeführt, in denen bestimmte Kooperationsaktivitäten stattfinden sollten. Die folgenden Aktivitäten sind wiederum den jeweils beteiligten Personen zugeordnet:

Kooperation Kindergarten – Grundschule
Entwurf eines Jahresplanes (bitte auswählen)

Zeitraum	Datum	Aktivitäten	Personen
August bis Dezember		• Kontaktgespräche, Bestandsaufnahme, evtl. Ziele der Kooperation zwischen Kindergarten und Grundschule besprechen • Erstellen eines Jahresplanes • Austausch und Abstimmung der Stoffpläne • gegenseitige Hospitation • gegenseitige Einladung zu den Elternabenden • gemeinsame Teilnahme an Fortbildungen • Info-Gespräch über die Vorschulkinder (Datenschutz!) • Info-Gespräch über die ehemaligen Vorschulkinder (Datenschutz!)	KL ERZ
		• Kennenlernen der Vorschulkinder • Beobachten • Arbeit in Kleingruppen • Fördermaßnahmen	KL VK
		• Laternenumzug ... • Weihnachtsfeier ... • Brief der Erstklässler an die Kindergartenkinder • Besuch der Schulkinder in ihrem Kindergarten • Aktivitäten zwischen Vorschulkindern und Erstklässlern	ERZ KL VK SCH
		• Information der Eltern über die geplante Kooperation von KG/GS • Fördermaßnahmen der Vorschulkinder mit den Eltern abstimmen	KL ERZ E
Januar bis März		• Informationsaustausch über die Vorschulkinder • Fördermaßnahmen überdenken/Lernortfragen • gegenseitige Hospitation • gemeinsame Teilnahme an Fortbildungen • Planung eines Elterninformationsabends • Planung der Schulanmeldung oder Informationen darüber	KL ERZ evtl. mit Schulleitung und Eltern von Schülern

basiswissen kita

	• siehe erstes Tertial Punkte 2-4	KL/VK
	• Schneespiele ... • Osterbasteln ...	ERZ/KL/ SCH/VK
	• Durchführung eines Elternabends zu Fragen des Übergangs • Schulanmeldung	KL/ERZ/E evtl. Schul- leitung
April bis Juni	• Informationsaustausch über die Vorschulkinder • gegenseitige Hospitation • gemeinsame Teilnahme an Fortbildungen • Elterninformationsabend (Planung und Einladung)	KL ERZ evtl. Schul- leitung
	• siehe erstes Tertial Punkte 2-4	KL/VK
	• Besuch in der Schule • Schulhaus kennen lernen, Pausen und Unterricht miterleben • Schule spielen am Nachmittag mit der zukünftigen Lehrkraft • gemeinsames Lied für die Einschulungsfeier einstudieren ... • Patenschaftsbriefe der SchülerInnen an die Vorschulkinder • Teilnahme an Schulfesten ... • Willkommensbrief der Erstklasslehrkraft (oder aller Lehrkräfte) an die Vorschulkinder	KL ERZ VK SCH
	• Durchführung eines Elterninformationsabends • gemeinsames Basteln, z. B. der Schultüte	KL/ERZ/E evtl. Schul- leitung
	• bei Bedarf wird ein Schuleignungstest durchgeführt	KL Beratungs- lehrer

E = Eltern
ERZ = ErzieherIn
KL = KooperationslehrerIn
SCH = SchülerInnen
VK = Vorschulkinder

Kopiervorlage

KOOPERATIONSKALENDER

Zeitraum: Seite:

Monat & Thema / Projekt	Inhalte / Aktivitäten	Zuständigkeit

basiswissen kita

WEITERFÜHRENDE LITERATUR

Berliner Senator für Bildung, Jugend und Sport (Hg.):
Das Berliner Bildungsprogramm für die Bildung, Erziehung und Betreuung von Kindern in Tageseinrichtungen bis zu ihrem Schuleintritt. Berlin 2003.

Bründel, H.:
Wann ist ein Kind schulfähig? Ein praktischer Leitfaden für Erzieherinnen. 3. Aufl., Freiburg 2003.

Franken, B.:
Wieder aktuell – Kooperation. In: kindergarten heute 11-12/2002, S. 24-30.

Franken, B.:
Qualitätsentwicklung. Kriterien, Dimensionen, Standards. 2. Aufl., Freiburg 2003.

Franken, B./Zempel-Bley, K.:
Wegweiser für Menschen mit Behinderungen – Stadt Oldenburg. Oldenburg 2003.

Fröse, S./Mölders, R./Wallrodt, W.:
Kieler Einschulungsverfahren (KEV). 2. Aufl., Kiel 1988.

Fthenakis, W. E. (Hg.):
Elementarpädagogik nach PISA – Wie aus Kindertagesstätten Bildungseinrichtungen werden können. Freiburg 2003.

Griebel, W./Niesel, R.:
Abschied vom Kindergarten, Start in die Schule. München 2002.

Hacker, H.:
Vom Kindergarten zur Grundschule. Bad Heilbrunn 1992.

Hopf, A.:
Vom Freispiel im Kindergarten zur Freiarbeit in der Grundschule. In: Spindler, D.(Hg.): Schule – und sie bewegt sich doch. Oldenburg 1997, S. 159-178.

Hopf, A./Zill-Sahm, I./Franken, B.:
Instrumentarium zur Evaluation des Übergangs vom Kindergarten in die Grundschule. Didaktisches Zentrum, Oldenburg 2001.

Hopf, A./Zill-Sahm, I./Franken, B.:
Vom Kindergarten in die Grundschule. Evaluationsinstrumente für einen erfolgreichen Übergang. 3. Aufl., Weinheim 2004.

Jäger, R. S./Beetz, E./Erler, R./Walter, R.:
Mannheimer Schuleingangsdiagnostikum (MSD). 4. Aufl., Mannheim 1994.

Kühne, T./Regel, G. (Hg.):
Erlebnisorientiertes Lernen im offenen Kindergarten. Projekte und Arbeitsansätze aus der Praxis für die Praxis. Hamburg 1996.

Ministerium für Kultus, Jugend und Sport Baden-Württemberg (Hg.):
Kooperation zwischen Tageseinrichtungen für Kinder und Grundschulen. Stuttgart 2002.

Naumann, S.:
Was heißt hier schulfähig? Übergang in Schule und Hort. Ravensburg 1998.

Sander, R./Spanier, R.:
Sprachentwicklung und Sprachförderung – Grundlagen für die pädagogische Praxis. kindergarten heute – spezial. Freiburg 2003.

Tietze, W./Viernickel, S. (Hg.):
Pädagogische Qualität für Kinder in Tageseinrichtungen. Weinheim 2002.

ADRESSEN

Nachfolgend sind die Ansprechpartner in den einzelnen Bundesländern aufgelistet. Dort erhalten Sie die jeweils gültigen schriftlichen Informationen zum Schulübergang und zur Kooperation von Kindergarten und Grundschule. Die Internethinweise bieten weitere aktuelle Informationsmöglichkeiten.

Baden-Württemberg
Ministerium für Kultus, Jugend und Sport
Schlossplatz 4, 70173 Stuttgart
Tel.: 07 11 / 2 79 - 0
Fax: 07 11 / 2 79 - 28 10
E-Mail: poststelle@km.kv.bwl.de
Internet: www.kultusministerium.baden-wuerttemberg.de

Bayern
Staatsministerium für Unterricht und Kultus
Salvatorstr. 2, 80333 München
Tel.: 0 89 / 21 86 - 0
Fax: 0 89 / 21 86 - 28 00
E-Mail: poststelle@stmukwk.bayern.de
Internet: www.km.bayern.de

Berlin
Senatsverwaltung für Bildung, Jugend und Sport Berlin
Beuthstr. 6-8, 10117 Berlin
Tel.: 0 30 / 9 02 67
Fax: 0 30 / 90 26 50 12
E-Mail: briefkasten@senbjs.verwalt-berlin.de
Internet: www.senbjs.berlin.de

Brandenburg
Ministerium für Bildung, Jugend und Sport des Landes Brandenburg
Steinstr. 104-106, 14480 Potsdam
Tel.: 03 31 / 8 66 - 0
Fax: 03 31 / 8 66 - 35 95
E-Mail: poststelle@mbjs.brandenburg.de
Internet: www.brandenburg.de

Bremen
Senator für Bildung, Wissenschaft und Kunst
Rembertiring 8-12, 28195 Bremen
Tel.: 04 21 / 3 61 - 0
Fax: 04 21 / 3 61 - 41 76
E-Mail: webmaster@bremen.de
Internet: www.bildung.bremen.de

Hamburg
Behörde für Bildung und Sport
Hamburger Str. 31, 22083 Hamburg
Tel.: 0 40 / 4 28 63 - 0
Internet: www.bbs.hamburg.de

Hessen
Hessisches Kultusministerium
Luisenplatz 10, 65185 Wiesbaden
Tel.: 06 11 / 3 68 - 0
Fax: 06 11 / 3 68 - 20 96
E-Mail: poststelle@hkm.hessen.de
Internet: www.kultusministerium.hessen.de

Mecklenburg-Vorpommern
Ministerium für Bildung, Wissenschaft und Kultur
Werderstr. 124, 19055 Schwerin
Tel.: 03 85 / 5 88 - 0
Fax: 03 85 / 5 88 - 70 82
E-Mail: presse@kultus-mv.de
Internet: www.kultus-mv.de

Niedersachsen
Niedersächsisches Kultusministerium
Schiffgraben 12, 30159 Hannover
Tel.: 05 11 / 1 20 - 0
Fax: 05 11 / 1 20 - 74 50
E-Mail: pressestelle@mk.niedersachsen.de
Internet: www.mk.niedersachsen.de

Nordrhein-Westfalen
Ministerium für Schule, Jugend und Kinder des Landes Nordrhein-Westfalen
Völklinger Str. 49, 40221 Düsseldorf
Tel.: 02 11 / 8 96 03
Fax: 02 11 / 8 96 32 20
E-Mail: poststelle@msjk.nrw.de
Internet: www.bildungsportal.nrw.de

Rheinland-Pfalz
Ministerium für Bildung, Frauen und Jugend des Landes Rheinland-Pfalz
Mittlere Bleiche 61, 55116 Mainz
Tel.: 0 61 31 / 16 - 0
Fax: 0 61 31 / 16 28 78
E-Mail: poststelle@mbfj.rlp.de
Internet: www.mbfj.rlp.de

Saarland
Ministerium für Bildung, Kultur und Wissenschaft
Hohenzollernstr. 60, 66117 Saarbrücken
Tel.: 06 81 / 5 01 00
Fax: 06 81 / 5 01 75 00
E-Mail: poststelle@bildung.saarland.de
Internet: www.bildung.saarland.de

Sachsen
Sächsisches Staatsministerium für Kultus
Carolaplatz 1, 01097 Dresden
Tel.: 03 51 / 5 64 - 0
Fax: 03 51 / 5 64 - 28 87
E-Mail: poststelle@smk.sachsen.de
Internet: www.sn.schule.de

Sachsen-Anhalt
Kultusministerium des Landes Sachsen-Anhalt
Turmschanzenstr. 32, 39114 Magdeburg
Tel.: 03 91 / 5 67 - 01
Fax: 03 91 / 5 67 - 36 95
E-Mail: presse@mk.uni-magdeburg.de
Internet: www.mk.sachsen-anhalt.de

Schleswig-Holstein
Ministerium für Bildung, Wissenschaft, Forschung und Kultur des Landes Schleswig-Holstein
Brunswiker Str. 16-22, 24105 Kiel
Tel.: 04 31 / 9 88 - 0
Fax: 04 31 / 9 88 - 58 88
E-Mail: pressestelle@kumi.landsh.de
Internet: www.landesregierung.schleswig-holstein.de

Thüringen
Thüringer Kultusministerium
Werner-Seelenbinder-Str. 7, 99096 Erfurt
Tel.: 03 61 / 3 79 - 0
Fax: 03 61 / 3 79 - 46 90
E-Mail: tkm@thueringen.de
Internet: www.thueringen.de

Haftungshinweis:
Trotz sorgfältiger inhaltlicher Kontrolle übernehmen wir keine Haftung für die Inhalte der angegebenen Links. Für den Inhalt der Seiten sind ausschließlich ihre Betreiber verantwortlich.

basiswissen kita